なぜ殺してはいけないのか?

人間の、人間による、人間のための道徳

三森定史

三和書籍

目次

2章——道徳の科学

3章——道徳の限界

序章

ある父子の会話――

「お父さん、お父さん」

「なんだい、太郎」

「どうして、僕たちは善いことをするべきなの？　どうして、悪いことをしてはいけないの？」

「いきなり、なに馬鹿なこと言い出すんだい。善いことは善いことだからするべきだし、悪いことは悪いことだからしちゃいけないんだよ。そんなの、当たり前だろう？」

「それが当たり前だなんてこと、僕だって知っているよ。僕が知りたいのは、それが当たり前だと判断されるのはどうしてか？なんだよ。その、合理的根拠を知りたいんだよ」

「判断だとか合理的根拠だとか、急に難しい言葉を使い出したね。太郎、お前いったい、いくつなんだい？」

「お父さん、自分の息子の歳も知らないのっ⁉　僕、ショックだよ！　九歳だよ！　こないだ、誕生日だったじゃないか！」

「九歳ぃ？　九歳にしちゃあ、えらくマセたガキだねぇ……まぁ、いいや。で、えーと、なんの話だっけ？」

「善いことをするべきであり、悪いことをしてはいけないとされるのは、どうしてかだよ」

「あぁ、そうだったね。それはね、善いことをすると他人を幸福にする（利益を与える）けど、悪いことをすると他人を不幸にする（不利益を被らせる）からだよ。太郎だって、他人から幸福にされたら嬉しいけど、不幸にされたら嫌だろう？　自分がされたら嬉しいことは、他人にもするべきだし、自分がされたら嫌なことは、他人にもしちゃいけないんだよ」

「うーん、それもよく分からないよ。他人が僕を幸福にするのが僕にとって善いことで、僕を不幸にするのが僕にとって悪いことだというのは納得できるけど、僕が他人を幸福にするのが善いことで、不幸にするのが悪いことだっていうのが、よく分からないんだよ」

「それの、どこがよく分からないんだい？」

「だって、他人の幸福や不幸なんて、僕にとってはどうでもいいことだって考えも、アリのはずじゃないか。もちろん、僕もそんなイジワルじゃないから、他人を幸福にしてあげてもいいと思うし、他人をわざわざ不幸にしてやろうなんて思ったりはしないよ。でも、どうして他人を幸福にすべきであり、不幸にすべきでないと判断されるのかが、分からないんだよ」

「まったく、ひねくれた子だねぇ。いいかい、自分がされたら嬉しいことは他人にもしてあげるべきだし、自分がされたら嫌なことは他人にもしちゃいけないってのは、常識なんだよ、常識！常識は正しいに決まってるんだよ！」

「なに言ってるんだよ、お父さん！　常識は正しいに決まってるなんて言ったら、あらゆる学問には意味がなくなっちゃうよ。学問というのは、常識を疑うところから始まるんだよ！」

「なんで学問の話になるんだい。そんな難しいことを言ってるんじゃなくて、お父さんは世間一般の常識の話をしてるんだよ」

「それが世間一般の常識だなんてことは、僕だって知っているよ。僕が聞きたいのは、その常識が正しいとされるのはどうしてか、なんだよ。というか、そもそも常識ってなに？　常識の定義は？」

「常識の定義ぃ～？　そうさなぁ……まぁ、現代民主主義社会では、多数派の意見が常識ってことになるんだろうなぁ」

「つまり、多数決の結果が常識であり、正しいとされるってことだよね。でも、それもおかしいよ」

「どう、おかしいっていうんだい？」

「だって、民主主義選挙（多数決）が必ずしも正しい選択をするわけでないことは、歴史が証明しているとおりじゃないか。たとえば、アドルフ・ヒトラーの国家社会主義労働者（ナチ）党は、あくまでも民主主義的な選挙で政権を獲得し、合法的に民主主義体制を崩壊させ、ヨーロッパ全土を戦禍と殺戮の渦に巻き込んだんだよ。多数決は、間違った（悪の）選択をしてしまうこともあるんだよ。だから、常識は正しいに決まっているなんて、言えないんだよ」

「まぁ～ったく、この子は。ああ言えばこう言うで、キリがないね。いつからお前は、そんな屁理屈ばかり言うようになったんだい」

「屁理屈じゃないよ！　というか、お父さんは屁理屈という言葉を、どういう意味で使っているの？　屁理屈を定義してみてよ」

「屁理屈の定義だぁ？　そりゃお前、屁みたいな理屈ってことよ」

「違うよ、お父さんっ！　屁理屈っていうのはね、一見したところ理屈になっているようで、実は理屈になっていない主張（詭弁）のことだよ。だから、僕の言っていることが屁理屈だというなら、どこがどう理屈になっていないのか、理論的に指摘できないといけないんだよ。それができないのに、とにかく相手の言うことを否定したいからって、屁理屈だと決めつけるのは、卑怯な論点のすり替えだよ。卑怯者だよ、お父さんっ！」

「お、親に向かって卑怯者たぁ、なんてぇ言い草だい！　子は親を敬うべしって言葉、知らないのかいっ!?」

「ご、ごめんなさい、お父さん。ちょっと言い過ぎたよ。でも、なんか論点がズレてきているから、話を戻したいんだけど、いい？」

「お、おう」

「僕だって、善い（＝他人を幸福にするor他人に利益を与える）ことをするべきであり、悪い（＝他人を不幸にするor他人に不利益を与える）ことはするべきでない、という判断が常識だというのは知っているし、その常識は正しいと思っているよ。ただ、その常識が正しいとされる、合理的根拠を知りたいんだよ」

「そもそも太郎、どうしてお前は、そんなことを知りたがるんだい？」

「だって、そこのところをハッキリさせておかないと、善いことは他人を幸福にする（他人に利益を与える）からすべきでなく、悪いことは他人を不幸にする（他人に不利益を与える）からすべきだ、という倒錯的道徳観の持ち主が現れて、そのとおりに行動したとしても、思想・良心の自由が認められている現代民主主義社会では、その人を非難したり処罰することは、人権侵害になっちゃうはずだからだよ。人権侵害は悪なんじゃないの？」

「う、う〜む」

「僕だって、右のような倒錯的道徳観を主張するだけならまだしも、そのとおりに行動しようとする人は、非難されて当然だと思うし、その行動は厳しく規制・処罰されるべきだと思うよ。ただ、そのためには、善いことをするべきであり、悪いことをしてはいけないとされる、その合理的根拠が示されなければならないと思うんだよ」

「う〜む」

「だから、お父さん、僕のこの素朴な疑問に答えてよ！」

「う〜〜む」

「唸ってばかりいないで、ちゃんと答えてよ！　子供の素朴な疑問にも答えられないなんて、父親として尊敬されないよ！　子供に尊敬されなくなったら、父親失格だよっ!!」

「わ、分かった。分かったから、ちょっと待ってくれ。お父さん、調べてみるから」

その数日後――

「太郎、太郎」

「なに、お父さん」

「こないだのお前の疑問な、答えが分かったよ」

「え、本当!?」

「本当だとも。これで、お父さんの面目も立つってもんだ」

「わぁ、やっぱりお父さんは凄いや！　で、どういうことなの？」

「まぁ、結論から言ってしまうとだね――善いことをするべきであり、悪いことをしてはいけないとされるのはなぜか？　それは、いわゆる社会契約説で説明がつくんだよ」

「シャカイケイヤクセツ？　なにそれ？」

「社会契約説というのはね、人々がお互いの自由や権利を制限し合う双務契約を結ぶことで、社会全体の秩序は保たれ、個人の自由や権利も保障される、という考えのことだよ」

「え、どういうこと？」

「太郎は、自由と不自由、どっちがいい？」

「そりゃあ、自由がいいよ。不自由は嫌だよ」

「そうだよね。誰でも、そう思うよね。それじゃあ、もしも全ての自由が、全ての人に認められるとしたら、どうだろう？」

「全ての自由が、全ての人に認められるの？」

「そうだ。それは、人々の行動を制限する法律がない社会だ。その社会の住人は、なにをやってもいいことになる。もちろん、なにをやってもいいとは言っても、現実的にできることに限られるけどね。たとえば、魔法を使ったりとかは、できないよ。どうだい、そんな社会に住んでみたいかい？」

「う〜ん、なにをやってもいい社会だなんて、魅力的にも思うけど……」

「その社会の住人である太郎は、どんなに悪いことをしても、法律で罰せられることがないんだ。悪いことというのは、他人を不幸にする行為のことだったよね。つまり太郎には、他人を不幸にする自由権が無制限に認められていることになる。太郎がどんなにイケナイことをしても、少なくとも法律で罰せられることはない社会だ」

「魅力的だけど、なんか危険な香りのする社会だね」

「で、そこで気をつけなきゃいけないのは、その社会では、他人にもまた、太郎を不幸にする自由権が無制限に認められているってことだ」

「え、それは嫌だなぁ。僕を不幸にする自由権を他人に認めるというのは、僕にとっては逆に自由権の著しい侵害、というか人権侵害だよ！」

「そうだろう。そして、そう思うのは太郎だけじゃなくて、他の全ての人も同じじゃないのかな？」

「それは、もちろんそうだろうね」

「つまり、人は誰でも、自由でありたいと思っているわけだけど、全ての人に無制限の自由を認めてしまうと、社会は無法状態になり、人々はかえって不自由になってしまうんだよ。かといって、一部の特権階級だけが無制限の自由を享受して、その他大勢には不自由を強いるなんていう、少数者にとってのみ都合のいい社会体制も、現代民主主義社会では許されないだろう？」

「うん、そうだね」

「じゃあ、どうしたらいいかっていうと、そこで社会契約説の出番となるわけだ」

「だいたい、話が見えてきたよ」

「おぉ、そうか」

「つまり、こういうことだね。社会のメンバー同士が利益を与え合うような、ないし不利益を与え合わないような双務契約を結んでこそ、社会全体の秩序は保たれ、積極的に善を増大させることはできなくても、少なくとも悪を減少させることはできる（＝生活しやすい社会になる）はずなんだから、僕たちはお互いに利益を与え合う（＝善いことをする）ように、ないし不利益を与え合わない（＝悪いことをしない）ようにしましょう、と」

「そのとおりよ。さすがは俺の息子、理解が早いじゃないか」

「えへへ、お父さんに褒められちゃった。嬉しいな」

その翌日——

「お父さん、お父さん」

「なんだい、太郎」

「昨日の社会契約説の話だけど、よく考えたら、納得いかないよ」

「どこが、納得いかないっていうんだい？」

「昨日の話だと、僕が悪い（＝他人を不幸にする）ことをしてはいけないのは、僕が悪いことをしていいのだとすると、他人が悪い（＝僕を不幸にする）ことをしていいことにもなってしまうからだったよね。全ての人に自由権が平等に認められている現代民主主義社会では、そういうことになるから、僕たちは自分が不幸にならないために、他人を不幸にする自由権の行使は、お互い控えるようにしましょう——というのが社会契約説なんだよね？」

「そうだよ。そういうことで、お前の疑問——なぜ善いことをするべきであり、悪いことをしてはいけないのか？——は解決されているじゃないか」

「解決されているのかもしれないけど、納得いかないんだよ」

「どう、納得いかないっていうんだい？」

「だって、それだと、他人から不幸にされたくなかったら、自分も他人を不幸にしないようにしましょう――あるいは、他人から幸福にしてもらいたかったら、自分も他人を幸福にしてあげましょう、ってことだよね？」

「まぁ、そうだね」

「それって、打算論法じゃん。大人が子供に、そんな打算的処世術を教えるのは、道徳的だと言えるの？」

「う、う～む」

「それに、社会契約説のような打算的処世術だと、他人から不幸にされる可能性がゼロの状況であれば、他人を不幸にしても構わない、ということになっちゃうと思うんだけど、それでいいの？　いいわけないよね？」

「いやいや、太郎。自分には他人を不幸にする自由権があるのに、他人には自分を不幸にする自由権がないなんて状況は、同一の権利が全ての人に等しく付与されている現代民主主義社会では、あり得ないんだよ。だから、お前のその想定は、そもそもナンセンスなんだ」

「う～ん……じゃあ、次のような状況の場合はどう？　船が沈没して、乗員のうち二人だけが助かって、無人島に漂着したとするよ。その二人は、救助されることなく一生、その島で暮らすことになるとするんだ。もちろん二人とも、いずれ近くを通りかかった船に救助されるんじゃないかって希望を、最初は抱いていたんだけど、結果として二人とも、救助されることなく一生、その島で暮らすことになる運命だとするんだ」

「ふむふむ、それで？」

「最初の内こそ、二人で協力しながら自給自足の生活を送っていたんだけど、ちょっとしたことがキッカケで大喧嘩が始まり、一人がもう一人を殺してしまうんだ。この殺人行為は、社会契約説では悪だと言えないんじゃないの？　だって、二人で協力して暮らしていた時は、ミニマムな形ではあれ、そこには社会があったと言えると思うけど、一人が殺されてしまったら、そこにはもう社会は存在しないわけだし、改めて社会が作られる可能性もないんだから。社会があり得ない状況では、社会契約説は無意味だよね？」

「う～ん、そうだなぁ。その状況だと社会契約説は成り立たないから、その殺人行為は悪だと言えないことになるねぇ」

「それは、正しい判断なのかなぁ？」

「あくまでも、善いことをするべきであり、悪いことをしてはいけないとされる根拠が、社会契約説だけにあるとしたら、だけどね」

「じゃあ、お父さんも、今話したような極端な状況であっても、殺人行為は悪だと思っているんだね？」

「そりゃまぁ、お父さんに限らず、ほとんどの人は普通そう思うだろうねぇ」

「うん、僕もそう思うよ。だとしたら、殺人が悪だとされる本当の理由は、少なくとも社会契約説だけでは説明できないってことになるんじゃないの？　そして同じことは、殺人のような凶悪犯罪に限らず、全ての悪とされる行為についても言えるんじゃないの？」

「う〜ん」

「人間にとっての善と悪というのは、社会契約説のような打算論法や処世術では説明し尽くせない、もっと人間性の本質に迫るなにかだと、僕は思うんだよ。その、人間性の本質に迫るなにかの正体（道徳判断の成立根拠）を、僕は知りたいんだ。だからお父さん、改めて聞くよ。どうして僕たちは善いことをするべきなの？　どうして悪いことをしてはいけないの？」

「う〜ん」

「唸ってばかりいないで、ちゃんと答えてよ、お父さんっ！」

「う〜〜ん、う〜〜〜ん」

もう二十五年ほど前（一九九七年）になりますが、当時、日本社会を震撼させた神戸連続児童殺傷事件（いわゆる酒鬼薔薇聖斗《さかきばらせいと》事件）を受けて、「凶悪化する少年犯罪」をテーマとした討論番組が、NHK（TBSだったかもしれない）で放映されました。

番組の途中で司会者が、スタジオのひな壇席に座っていた一般観覧者たちに、「なにか意見のある方はいらっしゃいますか？」と尋ねました。すると、中学生だったか高校生だったかの少年が、こう質問しました。

「さっきから話を聞いていると、殺人は悪であり、やってはいけないことだと、無反省に前提されていますよね。僕も幼い頃から、殺人は悪であり、やってはいけないことだと、大人から教えられてきました。でも、どうして人を殺してはいけないのかは、誰からも説明されたことがないんです。どうして人を殺してはいけないんですか？」

すると、それまで侃々諤々《かんかんがくがく》の議論を繰り広げていた有名評論家たちが、一斉に黙りこくってしまったのです。

私はその番組を本放送で観ていたのですが、有名評論家たちを一瞬にして沈黙させた少年に、拍手喝采しました。というのも私自身、小学生の頃から全く同じ疑問を抱き続けていたからです。そして、この疑問に理論的に答えるのは、とても難しいことにも気づいていました。

番組では、慌てた司会者が無理矢理に話題を変えて、その場を取り繕っていましたが、少年の素朴な質問に、なにも答えられなかった有名評論家たちに対する批判の声が各所から上がり、その後しばらく、「なぜ人を殺してはいけないのか？」は、ちょっとした社会現象（ブーム）のような論題になりました。

各界の著名人が意見を述べたり、何冊かの本が出版されたりもしましたが、私の知る限り、決定的な解答を出せた人は誰もいませんでした。皆、結局のところは旧態依然たる常識的道徳観を主張するだけだったり、あるいは永井均のように、「この問題に理論理性的に解答することはできないが、殺人は悪だという判断は理論理性を超越した合理的真理なのだ」と開き直る（＝哲学の敗北〈限界〉を認めることこそが、哲学的なのだと嘯《うそぶ》く）哲学者（？）もいました。

その中でも最悪だったのは、件の番組にも出演していた、ノーベル文学賞作家の大江健三郎が後日、朝日新聞に寄稿した次の文章です。

「テレビの討論番組で、どうして人を殺してはいけないのかと若者が問いかけ、同席した知識人たちは直接、問いには答えなかった。

私はむしろ、この問いに問題があると思う。まともな子供なら、そういう問いかけを口にすることを恥じるものだ。なぜなら、性格の良し悪しとか、頭の鋭さとかは無関係に、子供は幼いなりに固有の誇りを持っているから。そのようにいう根拠を示せといわれるなら、私は戦時の幼少年時についての記憶や、知的な障害児と健常な子どもを育てた家庭での観察にたって知っていると答えたい。

人を殺さないということ自体に意味がある。どうしてと問うのは、その直感にさからう無意味な行為で、誇りある人間のすることじゃないと子どもは思っているだろう。こういう言葉こそ使わないにしても。そして人生の月日を重ねることは、最初の直感を経験によって充実させていくことだったと、大人ならばしみじみと思い当たる日があるものだ」（朝日新聞　一九九七年十一月三十日　朝刊）

この発言のなにが最悪かというと、大江健三郎の物言いは自由な言論の封殺であり、民主主義の否定だからです。大江健三郎は民主主義者ではないのかもしれませんが、私は絶対民主主義者なので、自由な言論活動に対する、最初に結論ありきの反理性主義的な封殺には、断固反対いたします。（特に、「そのようにいう根拠を示せといわれるなら、私は戦時の幼少年期についての記憶や、知的な障害児と健常な子どもを育てた家庭での観察にたって知っていると答えたい」のくだりは、ポリティカル・コレクトネスに頼った卑怯な論点のすり替えであり、典型的な反理性主義者ならではの暴論です。）


私がこの問題――なぜ人を殺してはいけないのか？　あるいは、なぜ善いことをするべきであり、悪いことをしてはいけないのか？――の合理的な解答に思い至ったのは、十九歳の時です。

当時、大学受験浪人生だった私は、いつものように予備校の授業をサボって帰宅すべく、昼下がりのガラガラに空いた電車に揺られていました。天気の良い日で、車窓から眩しい陽光が射し込む中、私はなにも考えずにボケーっとしていました。

その時、突然、閃いたのです。

「なぜ、人を殺してはいけないのか？　いや、殺人のような凶悪犯罪に限らず、なぜ我々は悪いことをしてはならないのか？　あるいは、なぜ善いことをすべきなのか？　いや、そもそも善とはなんであり、悪とはなんであるか？　その答えは、真の利己主義という理念ならびに偽の利己主義という概念によって、合理的かつ単純明快に説明し尽くされる！」

真の利己主義という理念とは、私にとって真の利益（幸福）であることこそが普遍的善だという洞察であり、偽の利己主義という概念とは、私にとって偽の利益（不幸）であることこそが普遍的悪だという洞察です。それらが真理洞察であることの合理的根拠は、1章で論証します。

この、真の利己主義という理念ならびに偽の利己主義という概念を主軸として、様々な具体的道徳論ないし倫理思想が、本書全体を通して展開されます。そこでは、世間一般の常識に真っ向から反対する意見も、少なからず述べられています。読者の皆さんの中には、私の非常識な意見には反対だという人も、少なからずいらっしゃるはずです。しかし、それら非常識な意見を私は、あくまでも理論理性的に導き出して（論証して）いるのです。ですから、私の意見に反対だという人には、是非とも理論理性的な反論をお願いしたく思います。あくまでも理論理性的な反論を、です。誰かさんのような、初めに結論ありきの感情的暴論だけは、やめてください。


さて、利益とは幸福のことであり、不利益とは不幸のことなのです――少なくとも私はそう思っています――から、道徳哲学ないし倫理学思想の究極の目的は、全人類を恒久的に幸福にすることにこそあります。もちろん、そのようなユートピア（理想郷）を現世で実現することは不可能なわけですが、少なくとも最大多数の最大幸福、ないし最小少数の最小不幸を実現すべく、思索の限りを尽くすことはできるのであり、それをするのが道徳哲学なのです。

本書を書き上げたことで私は、道徳哲学者としてのその責務を、ひとまず果たせたと自負しています。そして、この本が一人でも多くの人に読まれることで、世界は最大多数の最大幸福、ないし最小少数の最小不幸（という現実的理想）へ向けて、大きく前進するはずだと信じています。

私たちは皆、一度きりしかない人生において、真の幸福を獲得したいと願っています。そして道徳哲学こそが、どうすれば真に幸福な人生を送ることができるかという、私たちにとって最も切実なテーマを考究する、最重要学問なのです。

そのような道徳哲学は、誰にでも理解できる、平易な言葉で語られるべきです。より多くの人が、道徳哲学を自分自身のテーマとして真剣に考察してこそ、この世は最大多数の最大幸福、ないし最小少数の最小不幸（の実現）に近づくはずだからです。

ですから、私はこの本を執筆するにあたって、とにかく分かりやすい文章・内容にすることを心がけました。この本を読むのに、哲学史の知識は必要ありません。これまで哲学関係の本を全く読んだことがなくても、理論的思考さえ厭わなければ、誰にでも面白く読めるように書きました。

哲学とは本来、極上の知的エンターテイメント（であるべき）だと、私は思っています。ただ、いわゆる哲学者（と呼ばれる人たち）には、分かりやすい言葉で哲学を語る能力に欠けている人が多いのです。そのため、哲学に漠然とした憧れや興味を抱きながらも、いざ哲学書を紐解いてみると、そのあまりの難解さに辟易して、挫折してしまう人が多いのです。それは、とてももったいないことだと思います。

しかし私には、哲学（すること）の魅力を、平易な言葉で語る能力があります。そんな私が、皆さんを知的に楽しませたい、ドキドキさせたい、ワクワクさせたい、と思って書いたのが、本書です。
さぁ、めくるめく極上の知的エンターテイメントの世界へ、ようこそ!

1章——道徳の哲学

1　動物の調教と子供の躾

幼い子供に物事の善悪を教える際、私たち大人は、「どうして○○は善であり、××は悪であるか」の合理的な説明なしに、「とにかく○○は善で、××は悪だ」と教えます。そして、子供が○○すれば褒め、××すれば頭ごなしに叱るのです。それは、飼い犬に躾《しつけ》をするようなものです。あるいは、サーカスの猛獣に芸を仕込むようなものです。

飼い犬にしてもサーカスの猛獣にしても、自分がやっている（躾けられている）ことの（人間にとっての）意味を理解しているわけではありませんし、理解させる必要もありません。サーカスの猛獣に、「なぜ、あなたたちが芸を覚えなければならないかというと、サーカスを見に来てくれるお客さんを楽しませるためです。お客さんが楽しんでくれれば、サーカスにお金が入ります。そのお金であなたたちのエサも買えるのです。つまり、あなたたちにとって、芸は生活のための（奴隷的）労働なのです。どうです、分かりましたか？」と言っても無駄（無意味）です。サーカスの猛獣に芸を仕込むには、アメとムチでやるしかないのです。

幼い子供に物事の善悪を教える際も、「これこれこういう理由で○○は善なのであり、それそれそういう理由で××は悪なのだ」という理屈抜きに、まずは頭ごなしに「○○は善だ（からやっていい）けれども、××は悪だ（からやってはいけない）」と教えなければなりません。○○はどうして善なのか、××はどうして悪なのか――あるいは、善はやっていいが悪はやっていけないのはなぜか――を理屈で教えようとしても、幼い子供は混乱するだけだからです。

このように、幼い子供の躾は動物を調教するようなものですから、そこに子供の主体性など考える必要はありません。幼い子供は、まさに動物が調教されるように、アメとムチで奴隷的に躾けられるべきなのです。

ただし、動物の調教と人間の子供の躾には決定的な違いがあります。それは、動物はいくら調教されても、ただ単に条件反射的（非主体的）に振る舞うだけであり、なにが善で、なにが悪かという善悪の観念が動物の心の中に発生することは決してありませんが、人間の子供は躾けられていく中で、やがて善悪の観念を理解するようになり、自分が理解した善悪の観念に従って、主体的に行動できるようになる、という点です。

たとえば、犬は飼い主に躾けられることによって、（あくまでも人間にとって）やって良いことと悪いことを学び、そのとおりに行動しますが、なぜこれはしても良く、あれはしてはいけないのか、いやそもそも善悪とはなにかを理解しているわけではありません。

躾けられた犬は、飼い主の言いつけを忠実に守りますが、それは、言いつけを忠実に守る犬に、飼い主が満足して（喜んで）いるのを見ることが、犬自身の満足（喜び）だからです。

犬は、人間に感情移入する動物です。飼い主が喜べば犬も喜び、飼い主が悲しめば犬も悲しみます。そういうところが、犬好きにとってはたまらない魅力なのでしょう。しかし犬は、飼い主がなぜ喜び、なぜ悲しんでいるのかを理解しているわけではありません。

サーカスの猛獣もまた、たとえば観客の拍手を聞いても、自分が褒められているのだとは全く理解していません。人間がサーカスの猛獣に拍手喝采するのは、その芸が人間を楽しませる（人間にとって善である）からですが、そんなことサーカスの猛獣は全く理解していません。なぜならばサーカスの猛獣には、人間的な意味での善悪の観念がないからです。

このように動物は、いくら調教しても善悪の観念を理解することがありませんが、人間の子供は、正しく躾けられさえすれば、善悪の観念をちゃんと理解するようになります。

動物は善悪の観念を理解できないのに、どうして人間の子供は善悪の観念を理解できるのでしょうか？　それは、地球上では人間にのみ、善悪の観念を理解する能力が先天的な可能性として備わっているからです。

善悪の観念を理解する能力が先天的な可能性として備わっている人間は、どうして後天的に善悪の観念を理解できるようになるのでしょうか？　その一つの理由としては、人間には言葉を理解する能力が、やはり先天的な可能性として備わっているからです。言葉を理解できるからこそ、「○○はやっても良い（善だ）けど、××はやってはいけない（悪だ）」と、文法的（論理的）に意味のある文章で後天的に躾けられ続けることによって、我々は善悪の観念を理解するようになるのです。

対するに、飼い犬を躾ける場合には、「○○はやらせても良い（善だ）けど、××はやらせてはいけない（悪だ）」と飼い主は言葉で理解していますが、言語化されたその内容を、犬は全く理解していません。人間の言葉と相互翻訳される犬語というものはないからです。善悪というのは、あくまでも人間の言葉（概念）です。犬が人間的な意味での善悪を理解するためには、「善／悪」を意味する犬語がなければなりませんが、そんなもの、あるわけないでしょう。

飼い犬は、その感情移入能力によって、○○すれば飼い主が喜ぶから自分も嬉しくなり、××すれば飼い主が怒る（喜ばない）から、自分も悲しくなります。そして、飼い主が喜ぶことは犬にとっても喜ばしいからやるのであり、飼い主が喜ばないことは犬にとっても喜ばしくないから、やらないだけです。そこには、飼い主が考えている善悪の意味についての、言語（概念）的な理解は全くありません。

2　善悪の観念は必然的（ア・プリオリ）か？

人間は、幼少時代から善悪の観念をすり込まれ続けることによって、正常に社会適応できるだけの良識をわきまえた大人へと育っていきます。まぁ、中には良識をわきまえていない困った大人もいますが、そういう人はあくまでも少数派です。大多数の大人は良識をわきまえていると言っていいでしょう。ここで良識というのはもちろん、正しい善悪の観念のことです。

すなわち、ほとんどの大人は良識（正しい善悪の観念）を理解したつもりになっていますし、その理解は正しいと思っています。そして興味深いことに、ほとんどの大人が良識としてわきまえている善悪の観念は、人類の歴史上、どの時代どの民族でも、ほぼ共通しているのです。

もちろん、「現代は価値観多様の時代である」と言われるように、個々の価値観——価値観とは、「～は善であり、～は悪である」という感情的判断のことです——には様々なものがあります。しかしそれらは、人間社会の具体的場面に即した、応用的ないし適用的価値観です。たとえば、「人を殺すのは悪だ」という価値観は、ほとんど全ての人に（無反省に）共有されているはずですが、「凶悪犯罪者に襲われた場合」や「戦場」のような特別な状況下では、判断が変わってくることがあります。ある人は、「凶悪犯罪者を正当防衛で殺すことや、戦場で敵兵を殺すことはやむを得ない」と考えるでしょうし、ある人は、「殺人は絶対的な悪なのだから、いかなる場合も許されない」と考えるでしょう。

ただ、前者の意見を主張する人も、「殺人そのものが善である、ないし悪ではない」とは思っていないはずです。あくまでも「やむを得ない必要悪として、殺人が是認される場合もある」ということのはずです。つまり、「殺人そのものは悪だ」というのは、万人に共通了解されている基本的価値観なのです。

すなわち、応用的ないし適用的価値観の主張を可能ならしめる、より基本的な価値観があるのであり、それら基本的な価値観は、ほとんどの大人に良識として共有されているのです。「ほとんどの大人が良識として共有している、全人類に普遍する善悪の観念」と私が言うのは、その基本的な価値観のことです。

基本的な価値観としての善悪の観念を、具体的に表現したものとして、たとえば「モーセの十戒」が挙げられます。

一、あなたには、わたしの他に、他の神々があってはならない。
二、あなたは、自分のために、偶像を造ってはならない。それらを拝んではならない。
それらに仕えてはならない。
三、あなたは、あなたの神、主の御名を、みだりに唱えてはならない。
四、安息日を覚えて、これを聖なる日とせよ。
五、あなたの父と母を敬え。
六、殺してはならない。
七、姦淫してはならない。
八、盗んではならない。
九、あなたの隣人に対し、偽りの証言をしてはならない。
十、あなたの隣人の家を欲しがってはならない。

この中で、一〜四までは人と神の関係について言われたものであり、あくまでもユダヤ教ないしキリスト教の信者にとっての戒律です。

この本のテーマは道徳哲学です。道徳哲学を論じるにあたって本来、宗教は避けて通れない問題ですが、今ここで宗教の話をすると話がややこしくなりますので、一〜四はひとまず無視します。

で、五～十までが人と人のあるべき関係を規定する掟（善悪の観念の表現）なのであり、いわゆる普通の意味での道徳命題ということになります。

五～十で言われていることは、二十一世紀の現代でもそのまま、良識ある大人にとって――その人に宗教心などなくても――当たり前とされている基本的道徳命題です。しかも、モーセは紀元前十二世紀の人です。つまり、少なくとも三千二百年以上前から、人間の基本的道徳観念は変わっていないのです。

ここで、一つの疑問が出てきます。

――民族と時代を越えて全人類にほぼ普遍共通する、「〇〇は善であり、××は悪だ」という判断の集合体（基本的道徳観念）は、私たちにとって必然（ア・プリオリ）なのか？　それとも偶然（ア・ポステリオリ）なのか？――

もし、それが偶然（ア・ポステリオリ）ならば、人間界で常識とされている基本的道徳観念は、恣意的に変更可能だということになります。たとえば、「〇〇は悪であり、××は善だ」という判断が常識な社会も作れてしまうことになります。

逆に、もしそれが必然（ア・プリオリ）ならば、「〇〇は悪であり、××は善だ」という判断が常識な社会を作ろうとしても、できないことになります。なぜならば、そのような道徳的に倒錯した社会を無理矢理に作っても、その社会は早晩、自らを滅ぼしてしまうはずだからです。どうしてそうなるかは、2章で説明します。

あるいはフロイトなら、「それは、幼少期に親（大人）から受けた教育（躾）によって私たちの心の中に形成された、超自我（良心の声）の為せる業だ」と言うのでしょう。すなわち、「○○は善であり、××は悪だ」という常識的道徳判断は、あくまでも後天的（ア・ポステリオリ）なものだとフロイトは言うのです。しかし、親（大人）が子供を道徳的に教育し（躾け）ようとするのは、「自分の良心の声（超自我）が命じる道徳観は正しい」と、親（大人）もまた信じているからのはずです。では、親（大人）はその道徳観（超自我）をどうやって身につけたのかといえば、もう一世代前の親（大人）から幼少期に教育され（躾けられ）たことによってです。つまり、超自我（良心の声）は世代間にわたって受け継がれていくのです。すると今度は、超自我によって規定される、それら基本的な道徳観念が、古代から現代に至るまで全人類に普遍・共通しているのはなぜか？という疑問が出てきます。私たちが常識だと思っているのとは正反対の道徳・倫理観が、社会常識になっていてもいいはずだからです。

その答えは、いわゆる進化論で十分に説明できると思うのですが、私たちの道徳・倫理観と、生物学的ならびに文化的進化との関係は、これまた2章で詳しく述べます。

3　哲学として善悪を論じる

さて、この本を私は、物事の善悪がまだ分かっていない幼い子供のために書いたのではありません。すでに善悪の観念を理解している（orしたつもりになっている）大人のために書いたのです。

私がなぜ、このような本を書こうと思ったかというと、哲学なき思想が世に溢れ返っているからです。そして、善悪の観念を理解したつもりになっている、しかし本当は理解していない大人たちによって、人を幸福にするはずの思想が、かえって人を不幸にしているからです。

これから私は、善悪の話をしようと思うのですが、そこには二つのアプローチの仕方がありま す。

一つは、「〇〇は善であり、××は悪である」という命題の、「〇〇」と「××」になにが入るか、そのバリエーション（道徳規範）を列挙していく作業です。たとえば、「人に親切にするのは善だが、人に意地悪をするのは悪だ」といった命題です。このような命題は、いくらでも挙げられますよね。

ただし、それらは応用的ないし適用的道徳命題です。応用的ないし適用的道徳命題は、思想であって哲学ではありません。「〇〇は善であり、××は悪である」というのは価値観の表明であり、なんらかの価値観を表明するのは思想だからです。

そして、もしも価値観の多様性を認めるならば――価値観の多様性を認めるのが現代民主主義社会です――、私たちは相対立する様々な思想の全てを認めなければなりません。ここで、ある思想を認めるとは、その思想が正しいと認めるということではありません。正しいか間違っているかに関係なく、それら様々な思想を主張する自由（権利）を認めるということです。

それこそ、「〇〇は悪であり、××が善だ」という思想を主張する自由も認めなければならないのです。こう言うと、「じゃあ、『人に親切にするのは悪であり、人に意地悪をするのが善だ』という思想も認めなければならないのか？」と思われるかもしれませんが、応用的ないし適用的状況次第では、そのような思想が正しいと認められていい場合もあると思います。

たとえば、相手が悪人であったり敵兵であれば、親切にする必要はないというのが、大多数に共通了解された意見（思想）ではないでしょうか。事実、私たちは悪人とされる人——その人が本当に悪人かどうかは別にして——に刑罰を科すという意地悪をし、敵兵には殺害行為という意地悪をすることを、正義だと思っているではありませんか。

この場合、私にとっての善は、悪人ないし敵兵にとっては悪であり、悪人ないし敵兵にとっての善は、私にとっては悪です。つまり、私にとっては「〇〇は善であり、××は悪である」のに対し、悪人ないし敵兵にとっては「〇〇は悪であり、××は善である」のです。

今、挙げたのは、私と悪人ないし敵兵、すなわち私と他者とで価値判断が逆転するという話でしたが、私一個人の中でも、時と場合によって価値判断が逆転することがあります。たとえば、かつては死刑反対主義者だったが、家族が凶悪犯罪者に惨殺されてから死刑賛成主義者に変わったとか、貧乏だった頃は共産主義者で私有財産を否定していたが、宝くじで大当たりしてから資本主義を奉ずるようになったというように。

これは、どちらの思想ないし価値観が正しくて、どちらが正しくないかを、普遍的な結論として出しにくい問題です。それぞれの立場（応用的ないし適用的状況）によって、判断が変わるのが当然だからです。

以上のような、善悪についての思想的アプローチ、すなわち「なにが善で、なにが悪か」という命題（個人的ないし集団的価値観）の列挙作業にはキリがありません。私たち個人ないし集団が、「なにが善で、なにが悪か」を判断しなければならない場面には事実上、無限のバリエーションがありますし、それぞれの応用的ないし適用的状況に応じて、価値判断が逆転することもあるからです。

これは、思想的アプローチによって善悪を論ずるのには、限界があるということです。というのも、思想として善悪を論じようとすると、どうしても感情論になってしまうからです。自分がたまたま置かれている具体的状況の如何によって価値判断が変わってしまうのは、それが感情の為せる業だからです。私たち人間にとって感情はとても大切ですし、感情を否定するなんて馬鹿げていますが、状況即応的な感情に囚われている限り、善悪についての真理探究はできないのです。

すなわち、状況即応的な感情的価値判断を超越した立場からの、善悪に対するアプローチが必要なのであり、それをするのが哲学なのです。私たちは、哲学として善悪を論じなければなりません。

4　そもそも善とはなんであり、悪とはなんであるか？

では、哲学として善悪を論じるとはどういうことでしょうか？　それは、「なにが善であり、なにが悪であるか」を問題にするのではなく、「そもそも善とはなんであり、悪とはなんであるか」を考えるということです。

「なにが善であり、なにが悪であるか（という価値観）」を主張するのは思想です。哲学は価値観を主張しません。哲学は、価値観の主張（思想）には関わらないのです。哲学がテーマとするのは、人間に理解し得るあらゆる価値観（思想）を、人間的価値観として可能ならしめる、価値そのものです。

私たちがなんらかの価値観を持つことができるのは、あらゆる価値観の基体とも言うべき価値そのものを、先天的（ア・プリオリ）に直観しているからです。そして、価値そのものに対する私たちの先天的直観能力を、具体的な事象ないし場面に適用して得られる感情的判断が、それぞれの価値観なのです。しかし、私たちの多くは普段、そのことを忘れ去っています。そして、特定の価値観すなわち思想を主張することにばかりかまけているのです。私が「哲学なき思想」というのはそういうことです。

哲学なき思想ではなぜ駄目かというと、価値そのものを忘れた価値観の主張は、人間理性にとって危険だからです。「なぜ人を殺してはいけないのか？」と少年に問われた有名評論家たちが、なにも答えられずに沈黙してしまったのも、彼らには「人を殺してはいけない」という常識的思想はあっても、哲学がなかったからです。つまり、価値そのものを忘れ去っていた（価値そのものについての考察を怠っていた）からです。

現代は価値観多様の時代——少なくとも民主主義社会では——ですから、「人を殺すのは悪いことではない」という思想（価値観）も当然、主張可能です。そのような思想は間違っていると思うなら、なぜそうなのかを論証できなければなりません。しかし、哲学のない（価値そのものを忘れ去っている）人には、それができないのです。

かつては、たとえばキリスト教道徳が神の命令として端的に、「汝、殺すなかれ」と言ってくれていました。神が生きていた時代には、「お前たち人間はなにも考えなくていいから、とにかく私（神）の言う通りにしなさい。悪いようにはしないから……」ということで、人々は素朴に納得していたのです。

しかし、十九世紀末にニーチェが「神の死」を宣告して以来、私たちは価値観多様の現代に突入してしまいました。私たちはもう、善悪の判断を神に頼るわけにはいかなくなったのです。それは、宗教的迷信からの人間理性の独立宣言だったと言えるでしょう。しかし同時に、これからは人間が主体となって価値観を構築していかなくてはならない、言い換えれば「人間自身が人間に対して責任を負わなければならない」ということでもあったのです。

ところが、その責任を現代の私たちは十分に請け負えていないのです。「なぜ人を殺してはいけないのか？」という問いと、それに対してなにも答えることができなかった評論家たちの姿は、そのことを如実に物語っています。

では、私たちはどうすれば良いのでしょうか？

「なにが善であり、なにが悪であるか」ではなく、「そもそも善とはなんであり、悪とはなんであるか」という道徳哲学の根本問題に答えれば良いのです。「そもそも善とはなんであり、悪とはなんであるか」が明らかになりさえすれば、それぞれの具体的場面に応じて、「なにが善であり、なにが悪であるか」は自ずと導き出される（演繹される）はずだからです。「そもそも善とはなんであり、悪とはなんであるか」を見極めようとせずに、「なにが善であり、なにが悪であるか」を、その時々の具体的状況に囚われて感情的に主張しているだけだから、「なんで人を殺しちゃいけないの？」という子供の素朴な疑問にすら、まともに答えることができない、馬鹿な大人になってしまうのです。

5　真の利己主義と偽の利己主義

それではこれから、「そもそも善とはなんであり、悪とはなんであるか」について考えていきましょう。

まず、端的に答えから言ってしまいますと、私は善悪を次のように定義しています。

——善とは真の利己主義に則った行為、ならびにその結果のことであり、悪とは偽の利己主義に囚われた行為、ならびにその結果のことである——

キーワードは「利己主義」です。

利己主義という言葉は普通、悪い意味で使われていますよね。「あいつは自分さえ良ければ、人のことなんてどうでもいいと思っている利己主義者だ」という具合に。

自分さえ良ければ（それが自分にとって利益でありさえすれば）、人のことなんかどうでもいいと思って行動するのが利己主義ならば、そのような行為は多くの場合、周りの人たちに不利益をもたらしますから、悪である——少なくとも普遍的な意味での善ではない——のは当たり前です。

でも、私に言わせれば、それら悪い意味で使われている利己主義は、偽の利己主義であって、真の利己主義ではないのです。偽の利己主義は確かに悪ですが、真の利己主義は普遍的な善なのです。どういうことかと言いますと——

この説明をする時、私はいつもセックスの話から始めることにしています。

皆さんはセックスする時、自分さえ気持ち良ければ、相手が気持ち良くなくても構いませんか？　自分さえオーガズムに達することができれば、相手が気持ち良くなさそうでも、あるいはむしろ気持ち悪そうでも、全く構いませんか？

そんなことないですよね。やっぱり、パートナーと一緒に気持ち良くなれてこそ、お互いの快感はいやが上にも増すのであり、行為後の精神的充足、すなわち二人の愛情も深まるはずです。

もちろん、どんなに深く愛し合っていても、理想的なセックスはなかなかできるものではないでしょう。いやむしろ、理想的なセックスなんて一度もしたことがない、という人が大多数かもしれません。それでも、理想的なセックスがあるはずだということは、誰でも分かっているのです。

それは、まだセックスをしたことがない人、あるいは物語の中で理想的なセックスが描写されているのを、読んだり見たりしたことがない子供ですら、分かるのです。なぜ、そんなことが分かるのでしょうか？　それはおそらく、私たちの遺伝子に先天的（ア・プリオリ）にインプットされた本能的価値観だからでしょう。

もっとも中には、相手が苦痛を感じてこそ自分の快感度はいや増すという人もいるようですが、そういう変態はあくまでも少数派です。変態ではない大多数の人は、自分だけが気持ち良くなるのではなく、パートナーにも気持ち良くなって欲しいはずです。

（私がここで変態と呼ぶのは、いわゆるＳＭプレイ愛好者のことではありません。確かにＳさんは、Ｍさんに苦痛を与えることで快感を得ています。しかしＭさんもまた、Ｓさんから苦痛を与えられることで快感を得ているのです。つまり、ＳさんとＭさんは、常識〈多数派〉とは異なるという意味で倒錯的ではありますが、お互いの快感を高め合うセックスを合意の下にしているのですから、変態では全くありません。私がここで変態と呼ぶ行為は、たとえば強制性交です。強制性交の加害者は、被害者が苦痛のみを感じていると知りながらも、自分だけが快楽を貪って、それで満足できているから変態なのです。）

ここで注目すべきは、変態ではない私が正義のセックスをする際、私が私の利益追求を目的としたイヤラシイ行為に純粋に励めば励むほど、すなわち私の性的快楽が増大すればするほど、変態ではない相手の利益もイヤラシク満足されていく、すなわち相手の性的快楽も増大するという事実です。あるいは、変態ではない相手の性的快楽がイヤラシク増大してこそ、変態ではない私の性的快楽もイヤラシク増大するという事実です。

セックスする時、私は自己一身の性的快楽充足という目的を利己的に、あくまでも利己的に追求しています。ところが、私が己の性的快楽充足という利己的な目的追求行為にせっせと励めば励むほど、相手の性的快楽も利己的に充足されていくのです。あるいは、相手が自己一身の性的快楽充足という目的を利己的に、あくまでも利己的に追求すればするほど、私の性的快楽も利己的に充足されていくのです。

ここで確認されているのは、ある人の利己的な利益追求行為と、他者の利己的な利益追求行為とが、目的志向の軌を一にした協同作業として成就しているという事実です。

これは驚くべきことではないでしょうか。なぜならば私たちの常識では、利己的といったら、自分さえ良ければ他人はどうなってもいいという、自己中心的（自己利益独占的）な姿勢・態度のことであるはずだからです。ところが、その常識とは正反対のことが、ここで起きているのです。

セックスについての以上の考察から私は、次のような道徳命題が、人間関係のありとあらゆる時と場合において成り立つはずだ、と直観的に洞察します。

――ある人の真の利益は必ず他者にとっても真の利益であり、ある人の偽の利益は必ず他者にとっても偽の利益である――

この命題の前半を私は「真の利己主義」と呼び、後半を「偽の利己主義」と呼んでいるのです。

この命題は、セックスについては正しいと言えるでしょう。しかし、もしもそれが、セックスにしか当てはまらない命題ならば、それはセックスについての単なる事実確認にすぎません。この命題は、セックス以外のありとあらゆる人間関係についても、普遍妥当する法則（真理）だと言えるでしょうか？

私は言えると思います。なぜならば、セックスについての事実確認から、私が右の道徳命題を直観的に洞察したことに、皆さんは今「共感」されているはずだからです。言い換えれば、私がこの道徳命題を直観的に洞察した推理過程を、皆さんは感情移人理性的（合理的）に「追体験」しているはずだからです。

6　普遍学としての科学

前節の最後で私は、「共感」ないし「追体験」という言葉を使いました。現代は、科学的理性によってこそ真理は探究されると信仰されている、科学万能主義の時代です。科学では、客観的データによって実証された理論ないし知識のみが学問的真実であるとされ、共感や追体験といった主観的な感情ないし経験は、主張されている理論や知識が学問的真実であることの証拠にはならないとして、徹底的に排除されます。

これは、学問は「普遍学」でなければならないということでもあります。普遍学とは、そこに述べられている理論ないし知識が正しいか間違っているかが、誰にでも確実に判定され得る形で論述されている学問のことです。そのような意味での普遍学でなければならないのは、あらゆる学問にとって絶対条件です。

たとえば、ある神秘主義者が、「私は宇宙の真理を見極めた。ただし、その真理は私と同じ神秘体験をしなければ理解できないし、言葉や数式を使って人に説明することもできない」と言ったとします。

もしかしたら、この神秘主義者は本当に、宇宙の真理を見極めたのかもしれません。でも、その真理とやらは、彼と同じ神秘体験をしなければ理解できないというのですから、そのような、あくまでも個人的にのみ理解され得る真理とやらは、人間の普遍的合理性に妥当する知識とは言えません。要するに、神秘主義思想は普遍学ではないのです。

大昔の人々は、巫女やシャーマンが伝える「神のお告げ」を妄信していました。当時はまだ、学問というものが発明されていませんでしたから、人々には、巫女やシャーマンの言葉を疑う権利も能力もなかったのです。つまり、なにが真理かを決めるのは、ごく一部の人に独占されていた特権だったのですから、それは知識の専制主義と言えるでしょう。いや、巫女やシャーマン自身も、神のお告げとやらが普遍的真理だとされる根拠を、知的に理解していたわけではないのだから、そもそもそれは「知識」ではなかったのですが……。

今日まで続く学問の原型が発明されたのは、古代ギリシア時代です。ここに至って人類は、普遍的知識という理念——理念とは、理想的な概念ないし観念のことです——を獲得しました。ただしそれは、学者階級に独占されていた知識でしたから、知識の貴族主義と言えるでしょう。

その後、知識の貴族主義は少しずつ民主化されながら今日に至っています。少なくとも現代民主主義国では、身分に関係なく、誰でも無制限に学問的知識にアクセスできるインフラが整備されていますから、それは知識の民主主義と言えるでしょう。

このように、人類の知識は専制主義から貴族主義、そして民主主義へと発展してきたわけです。それは、学問を普遍学にしようという人間理性の歴史でもありました。なぜならば知識の民主化とは、人間の合理的理解力に普遍妥当する知識体系のみを、真正な学問としようという運動だったからです。そして、その運動の中で人類が発明した普遍学の方法論が「科学」なのです。

7　芸術的内観学

学問を普遍学にするために人類が発明したのが科学です。それはそれで大いにけっこうなことだと思いますし、科学を否定しようなどというつもりはサラサラないのですが、それでも私はここで、一つの問題提起をしたいのです。

「普遍学の方法論は科学だけなのか？」

それに対する私の答えは「Ｎｏ」です。普遍学の方法論は科学だけではありません。私がここに唱道する、古くて新しい普遍学の名は、「芸術的内観学」です。

芸術的内観学とはなんでしょうか？　その説明の前に、科学の方法論について確認しておきましょう。

科学の方法論ないし科学的研究の手続きにも色々ありますが、私が特に着目したいのは「帰納法」です。帰納法には、完全帰納法と不完全帰納法があります。完全帰納法は単純枚挙帰納法とも言います。

たとえば、「水星は太陽の周りを楕円軌道を描いて回っている。金星は太陽の周りを楕円軌道を描いて回っている。地球は太陽の周りを楕円軌道を描いて回っている。火星は～。木星は～。土星は～。天王星は～。海王星は～」という、自然界を観察して得られる記述内容から、「太陽系の全ての惑星は太陽の周りを楕円軌道を描いて回っている」という一般法則（事実）を導き出すのは、完全（単純枚挙）帰納法です。

それは文字どおり、全ての事象の単純枚挙的な記述をパラフレーズしただけですから、単純枚挙帰納法とも呼ばれるのです。当然ながら、そのような帰納法では、なんら新しい知識（法則）の発見には至っていません。つまり、帰納法と言いながら、実はなにも帰納していないのが完全帰納法です。

対するに、有限個の不完全なデータ群から、それらデータ群の外延を越えて、私たちにとっての経験的意識地平である世界全体にまで、無制限に普遍妥当する（はずだとひとまず考えられる）一般法則を導き出すのが、不完全帰納法です。不完全帰納法によってこそ、科学的な新理論は発見（ないし発明）されます。

たとえば、私たちが高校の物理で最初に学ぶ「運動の三法則」をニュートンは、この宇宙内の全ての物質現象をデータとして、そこから完全帰納法によって導き出したのではありません。というかそもそも、この宇宙内の全ての物質現象をデータ化するなど不可能です。ニュートンは、あくまでもこの宇宙内の、ごくごく一部の物質現象のみをデータとして、しかしながら、自然はいつでもどこでも同一条件のもとでは同じ振る舞いをするはずだという、「自然の斉一性」に対する私たちの理性的信仰を根拠として、かの三法則を帰納的飛躍推理したのです。

（不完全帰納法では、外延の限定された観測データ内でのみ確認されている特殊法則が、外延無限定な普遍法則としても妥当するはずだと推理するわけですから、そこには一種の論理の飛躍があります。この論理の飛躍を帰納的飛躍推理と言います。帰納的飛躍推理を可能ならしめているのが、自然の斉一性に対する私たちの理性的な信仰です。）

以上のように、新しい法則を導出する科学的手続きである不完全帰納法は、完全帰納法に対して「不完全」であるからこそ（＝そこに論理の飛躍があるからこそ）、新しい法則（知識）を発見する科学的手続きたり得ているのです。

では、その不完全性すなわち論理の飛躍を、究極域にまで徹底させたらどうなるでしょうか？つまり、徹底的不完全帰納法ないし極限不完全帰納法です。

極限不完全帰納法とは、どういうものかと言いますと――

完全帰納法によって導き出される一般法則が、全称命題（全てのXは～である）のトートロジーなのに対して、不完全帰納法こそが、特称命題（或るXは～である）群から一般法則を帰納的飛躍推理する、科学的手続きだったのでした。ところが極限不完全帰納法では、単称命題（一つのXは～である）から一般法則が帰納的に導き出されるのです。しかもその単称命題たるや、公共的（客観的）データではなく主観的内観データなのです。ただし、その主観的内観データは、神秘体験のような、個主観的にのみ妥当する（ひとりよがりな）単称命題であってはなりません。あくまでも、全ての理性的存在者（人間）に内観妥当する（合理的な）、普遍的単称命題でなければなりません。

不完全帰納法では、有限個の客観的データ（特称命題群）から、一般法則が帰納的飛躍推理されるのに対して、極限不完全帰納法では、たった一個の主観的データ（普遍的単称命題）から、一般法則が帰納的超越権飛躍推理されるのです。

「超越権」というのは私の造語です。そこには「超越」と「越権」という、二つの意味が併せ持たされています。なぜ「超越」かというと、それが本来の不完全帰納法における、帰納的飛躍推理機能を超越しているからです。なぜ「越権」かというと、それが本来の帰納法の常識からすれば、トンデモナイ越権行為だからです。

それぞれの帰納的超越権飛躍推理を初めて披露してみせるのは、独創的な作業であり、誰にでもできることではありません。しかし、一旦表現された帰納的超越権飛躍推理を、自らの合理性に照らして十全に妥当する（真理である）と追確認（追体験ないし共感）する能力は、全ての理性的人間に等しく備わっているのです。不完全帰納法において帰納的飛躍推理を可能ならしめる根拠が「自然の斉一性（という信仰）」だったのに対して、極限不完全帰納法において帰納的超越権飛躍推理を可能ならしめる根拠は、「人間理性に先天的かつ普遍的に備わっている、共感ないし追体験能力」ということになります。

それは、才能のある芸術家のみが制作し得る偉大な作品を鑑賞して、その芸術的価値をそれなりに理解（追体験ないし共感）することは、凡人でもできるというのと同じです。私がここに唱道する、古くて新しい普遍妥当学が「芸術的内観学」と呼ばれる所以です。

そのようなものは、もはや帰納法でないのはもちろんのこと、あらゆる意味で、合理的推論とは言えないのではないか？と思われるかもしれません。しかし、一般法則導出法として、その正当性が万人の合理性に妥当する、極限不完全帰納法による推理結果の実例を、皆さんはすでにご存じなのです。

それこそ外でもない、セックスについての個主観的なイヤラシイ妄想ないし体験を先行与件

（データ）として直観洞察（帰納的超越権飛躍推理）される、真の利己主義という理念ならびに偽の利己主義という概念です。

このように、いわゆる実証科学が一般法則導出法とする不完全帰納法の他に、極限不完全帰納法という一般法則導出法があるのです。それは、「追体験」ないし「共感」という私たちの主観的な感情によって、その正当性が合理的に保証される帰納法であり、極限不完全帰納法を一般法則導出の手続きとする普遍学のことを、私は芸術的内観学と呼ぶのです。

なぜ「芸術的」かと言うと、すでに述べましたように、帰納的超越権飛躍推理を初めて披露してみせるのは、あくまでも独創的な作業であり、それは芸術家が創造的に作品を制作して世に発表するようなものだからです。そして、真の芸術家のみが創造的に制作し得る優れた作品を鑑賞して、その価値を理解（追体験）することは凡人にもできるように、独創的に表現された帰納的超越権飛躍推理を、自らの合理性に十全に妥当する普遍的真理であると追確認（追体験ないし共感）する能力は、全ての理性的存在者（人間）に等しく備わっているのです。

なぜ「内観学」かと言うと、これまたすでに説明したように、帰納的超越権飛躍推理の先行与件が内観データ（普遍的単称命題）だからです。

内観（introspection）というのは、もともとは心理学用語です。かつて心理学と言えば内観心理学のことでした。内観意識内容のみをデータとするのが内観心理学です。しかし、内観意識内容には客観性（公共性）がありません。被験者は嘘をついているかもしれないし、内観意識内容を言葉によって、どこまで正確に記述できるかという問題もあるからです。すなわち内観心理学には、実証科学の絶対条件である、データの客観性（公共性）がないのです。

そこで、心理学を完全な科学にするために、二十世紀初頭のアメリカで興《おこ》ったのが行動主義心理学です。行動主義心理学では内観意識内容はデータとせず、客観的（公共的）に確認され得る行動現象のみをデータとします。

内観心理学が意識心理学とも呼ばれるのに対して、行動主義心理学は客観心理学とも呼ばれます。私なら、行動主義心理学ないし客観心理学を外観心理学と呼びます。意識内部の私的現象を観察するのが内観なのに対し、意識外部の公共現象を観察するのは外観（outrospection）だからです。

行動主義心理学ないし客観心理学に限らず、科学はみな外観学です。意識外データを観察して、そこから一般法則を帰納的飛躍推理するのが科学だからです。それに対して芸術的内観学は、主観的な、しかしながら普遍的な意識事実から、一般法則（普遍的真理）を帰納的超越権飛躍推理するのです。（ちなみに、心理学の世界では、行き過ぎた行動主義に対する反省から、二十世紀後半以降、内観心理学が復権しています。）

8　柔軟性のある普遍学

芸術的内観学に対しては、次のような批判もあるかと思います。

「芸術は、鑑賞者の趣味ないし鑑賞能力によって評価が大きく変わるではないか。それこそ、権威筋から高く評価された作品であっても、観賞者それぞれの趣味によって好悪が大きく分かれるのが芸術である。科学では、与件ならびに実験データの客観性にも理論の正当性にも、判断の不一致はあり得ない。判断（評価）の不一致が当たり前である芸術的な推論、すなわち極限不完全帰納法とやらを法則導出の手続きとする芸術的内観学には、普遍学としての妥当性などないのではないか？」

もっともな批判のようにも思えます。しかし、それを言ったら、科学的外観学だって同じではないでしょうか。なぜならば、客観的な事実認識も論理的推論も理解しない、統合失調症のような精神状態があるからです。

「統合失調症のような、極端な病的少数例を持ち出すのは論点のすり替えだ。大多数の健常者の悟性には、客観的な事実認識も理論的推論も妥当するのだから、やはり科学こそが唯一の普遍学方法論なのだ」

確かに、科学的外観学に比べて芸術的内観学には、普遍学としての厳密性に欠けるところがあります。しかし、「厳密性」に囚われ過ぎるのもどうかと思うのです。というのも、真理（真実）に到達する手段、ないし真理（真実）を表現する形式は一つではなく、事実上、無数あり得るはずだからです。そして、そのことを端的に実演（実証）してみせているのが芸術家なのです。

たとえば、二人の天才画家が同じ場所から同時に富士山の絵を描くとします。完成した二枚の絵は、似ても似つかぬモノになるはずです。その場合、どちらの絵が正しいかを問うのはナンセンスです。両作品ともに、富士山を題材とした絵として芸術的に正しいのです。

それと同じです。同一の真理を様々に正しく論述（表現）できるのが、芸術的内観学なのです。それは、科学的外観学のような厳密性には欠けますが、「柔軟性」のある普遍学です。

芸術的内観学が「柔軟性のある普遍学」であることの意味ならびに意義を、私はまだ十分に把握しているわけではありません。このテーマについてのより詳しい論考は、またの機会に譲りたいと思います。ただ、ここでは次の示唆的な事実を指摘しておくにとどめます。

――五百年前に発見（発明）された科学理論で、現代でも最先端の理論として通用しているものは皆無のはずだが、ミケランジェロの彫刻作品は、現代でも最高の芸術作品なのであり、その評価はこれからも永遠に変わらないはずだと、誰もが理性的に信じている――

9　内観学としての哲学と、外観学としての哲学学ないし哲学史学

では、帰納的超越権飛躍推理を法則（真理）導出の方法論とする普遍学、すなわち芸術的内観学としては、具体的にどのようなものがあるかといえば、それこそが哲学なのです。

私が哲学に魅力を感じる理由はいくつかありますが、その一つに、外観データに頼ることなく、ほとんど内観法だけで、どこまでも真理探究できるという点が挙げられます。

もちろん、哲学にも外観学としての側面はあります。いわゆる「哲学史」を学ぶなどは、哲学

についての外観学です。ただし、哲学についての外観学は、哲学そのものではありません。なぜならば、ホンモノの哲学者になるのに、哲学史の知識はある程度は必要ですが、哲学史のスペシャリストになる必要は全くないからです。ある程度の哲学史（というか哲学術語）の知識さえあれば、あとは内観法だけで、いくらでも真理探究を続けられるのが、ホンモノの哲学者です。

哲学以外の学問に携わる人、たとえば物理学者は、日々更新されていく現代物理学の知識を、常にチェックしていなければなりません。なぜならば哲学――もしかしたら数学も？――以外の全ての学問はデータ勝負だからです。哲学以外の学問の世界で一流になろうと思ったら、厖大な知識を常に蓄積ないし更新し続けなければなりません。

ところが哲学は、主観的内観データを先行与件とする帰納的超越権飛躍推理の、即興的な連続によって真理探究が進められる芸術的学問なのですから、外観データは（道具として）あればあるに越したことはありませんが、それに囚われ過ぎる必要もないのです。

それはたとえて言うなら、芸術家になるのに芸術史の知識はあってもいいが、なくてはならないものではないというのと同じです。芸術家の卵を育てる（ことができるかもしれない）美術大学や音楽大学では、美術史ないし音楽史も学ぶはずですが、それら芸術史の知識を増やせば増やすほど、優秀な芸術家になれるというわけではないでしょう。

このように哲学は、理論的であると同時に芸術的でもある、特異な学問なのです。そして哲学は、あくまでも言語によって表現されるのですから、この特異な学問のことを私たちは、「言語芸術としての哲学」と呼んで差し支えないと思います。

ただし、以上はあくまでもホンモノの哲学の話です。世に溢れている偽モノの哲学は、芸術的内観学でも言語芸術でも全くありません。すなわち、偽の哲学者は芸術的内観学者でも言語芸術家でも全くありません。

ここで私が偽の哲学者と呼ぶのは、主に大学アカデミズムに棲息する〈哲学者〉たちのことです。大学アカデミズムに棲息する〈哲学者〉たちがどうして偽モノかといえば、彼らのやっていることは単なる外観学だからです。「外観学としての〈哲学〉」というのは、過去に存在した天才哲学者たちの言説を大量に渉猟して単に整理しているか、あるいはせいぜい、それら言説間に見受けられる法則性を科学的に記述しているだけの、職人的な作業のことです。

そのようなものがホンモノの哲学でないことは、私の話をここまで読んでこられた皆さんなら、十分お分かりいただけるはずです。それらはホンモノの哲学ではなく、「哲学学」ないし「哲学史学」ないし「哲学研究」と呼ばれるべきモノなのです。

これは決して、大学アカデミズムの落伍者である私だけが、ルサンチマン（恨み、妬み、負け犬の遠吠え）からそう言っているのではありません。大学アカデミズムの世界で、いわゆる〈哲学者〉と呼ばれている人たちのほとんども、実はそのことを自覚しています。

たとえば私が大学生の時、ある教授が講義中に次のように言っていました。

「西田幾多郎先生以来、日本には哲学者はいません。かくいう私も哲学者ではありません。カントを専門に研究する哲学学者です」

あるいは、中島義道は次のように言っています。

「日本には哲学者はいない。いるのは哲学研究者だ」

竹田青嗣もこう言っています。

「日本には、自分でものを考えることのできる哲学者が、ほとんどいない……」

いずれも、同じことを言っているのだと思います。

でも、これらの先生がたは、まだマシだと思います。だって、自分がホンモノの哲学者ではないことを、自己批判的に正直に認めているのですから。（もっとも竹田青嗣は、「俺は、日本には僅かしかいない、自分でものを考えることのできるホンモノの哲学者だ」と言わんとしているフシがありますが……。）

大学アカデミズムに棲息する、ほとんどの〈哲学〉の先生たちは、「我こそはホンモノの哲学者だ！」と積極的に主張しません（できません）が、かといって、自分がホンモノの哲学者でないことを積極的に認めようともしません。そりゃそうでしょう。大衆が無知なのをいいことに、〈哲学者〉なんていう大層ご立派な肩書にあぐらをかいているのは、さぞかし気持ちいいでしょうからね。

え？　私ですか？　私はもちろんホンモノの哲学者ですよ。まぁ、私がホンモノかどうかは、読者の皆さんが判断して下さい。

10　ホンモノの哲学をするには才能と勇気が必要だ

なぜ、大学アカデミズムの世界に蠢《うごめ》いている〈哲学〉の先生たちは、ホンモノの哲学をしないのでしょうか？

その第一の理由は、こう言っては身も蓋もないのですが、才能がないからです。

哲学は、あくまでも言語芸術としての哲学ないし芸術的内観学なのですから、才能がなければ話になりません。それは、美術や音楽の世界でホンモノの芸術家になろうとしたら、才能がなければ話にならないのと同じです。芸術の世界では、才能のある人が努力を積み重ねて――かつ、運に恵まれて（←実は、これが一番重要かもしれない）――初めてホンモノになれるのです。

大学アカデミズムの世界に蠢いている〈哲学〉の先生たちが、ホンモノの哲学をしないもう一つの理由は、勇気がないからです。どういうことかと言いますと――

哲学を専攻する大学生にとって最初の目標となるのは卒業論文ですが、そのテーマならびに素材は、過去に存在した天才哲学者たち――ここで言う「過去」には現在完了形としての過去も含まれます。すなわち、その業績がすでに評価されている現役（存命）の哲学者も含まれます――の言説でなければなりません。なぜならば、理系文系問わず大学アカデミズムでは、研究は全て科学的に（外観学として）行われなければならない、というルールがあるからです。

理系アカデミーでは自然現象が外観データに、文系アカデミーでは主に文献資料が外観データになります。心理学や社会学、あるいは経済学のように、人間行動現象を外観データとする場合もありますが、少なくとも哲学アカデミーで外観データとなるのは、ほとんど文献資料だけです。理系のことを自然科学、文系のことを人文科学と言うのはそのためです。

つまり、哲学を専攻する大学生は、まずは過去に存在した天才哲学者たちの言説を外観データとする、科学的な卒業論文を書くことを目標として、その哲学研究の第一歩を踏み出すのです。

もっとも、若き哲学徒たちの多くは、過去に存在した天才哲学者たちの言説＝他人の哲学に、いつまでもかかずらっているつもりはありません。哲学研究はなるべく早く済ませて、そこから先は自分の哲学＝ホンモノの哲学をやりたいと思っているのです。

でも、よく考えてみて下さい。どんな超一流大学の哲学研究室に学生として、あるいは先生として所属していようと、こちらは単なる優等生（秀才）にすぎないのに対し、向こうは天才なのです。その天才が一生をかけて築き上げようとした――しかし必然的に完成させられなかった――哲学体系を、たかだか超一流大学に、受験テクニックを要領よく丸暗記して合格できただけの秀才ごときが、その限られた人生の中で研究し尽くそうとしても、無理に決まっているではありませんか。

そもそも当の天才哲学者からして、自分が築き上げようとした哲学体系を完全に理解していたわけではないのです。もしも天才哲学者自身が、自分が築き上げようとした哲学体系を完全に理解し、かつ完成させていたならば、その哲学者の言説についての、哲学学者による研究（評論）

には、ほとんど意味がなくなるでしょう。なぜならば、秀才哲学学者の研究（評論）を俟《ま》つまでもなく、天才哲学者自身が自らの哲学体系を解説し尽くしているはずだからです。

まぁ、そういうわけですから、いずれにせよ、ただの秀才が哲学研究を究めようとしたら、一生、哲学研究するだけになってしまうのです。そこから抜け出せなくなってしまうのです。

実は哲学研究者たちは皆、この陥穽に気づいています。でも、やめられないのです。それは彼らが、これから説明するような一種の強迫観念に囚われているからです。

大学アカデミズムの世界に蠢いている〈哲学〉の先生たちが、ホンモノの哲学をしない第一の理由、それは彼らに芸術的内観学者としての才能がないからだと言いました。でも本当は、彼らの中にも、芸術的内観学者としての才能のある人はいるはずなのです。

では、そういう人たちはなぜ、いつまでも他人の哲学に囚われているのでしょうか？　どうして自分の哲学をやろうとしないのでしょうか？

それは、勇気がないからです。

「これが自分の哲学だ！」と主張するのは、とても勇気のいることです。特に哲学研究を一度でも真剣にやったことがある人にとってはそうです。というのも、哲学史を真剣に学べば学ぶほど、そこに時空を超えた知の迷宮が果てしなく広がっているのを、否応なく思い知らされることになるからです。そのため、哲学研究徒のほとんどは、自分の哲学的知性などあまりにも卑小に思えてしまい、「これが自分の哲学だ！」などという傲岸不遜なことは、畏れ多くてとても言えなくなってしまうのです。

それに、他の哲学研究者たちから批判されるのが怖いというのもあるかと思います。大学アカデミズムに所属する哲学（学）の先生たちのほとんどは、自分がホンモノの哲学者ではなく哲学研究者にすぎないことを、公言はしないでしょうが自覚しています。そう自覚しながらも、歴史上の天才哲学者たちの後塵を拝することによって、哲学史の流れの中で歯車の一つになれればそれでいいと、卑屈に思っているのです。

彼らの間には暗黙の了解事項（不文律）があります。それは、「抜けがけは許さない！」です。抜けがけとは、哲学研究者としての分をわきまえずに、自分（独自）の哲学を主張することです。

果敢にも自分の哲学を主張して、ホンモノの哲学者になろうとする人に対しては、他の哲学研究者たちから徹底的な攻撃が加えられます。そこにあるのはドロドロした嫉妬です。

「哲学研究者（ニセモノの哲学者）の立場に甘んじている惨めな俺たちをさしおいて、ホンモノの哲学者になろうだなんて許せない！」というわけです。そして、そのフトドキ者を成敗するために、徹底的な批判攻撃を集団で加えるのです。

これは、なんとも卑怯としか言いようがありません。というのも哲学の世界では、他人の言説を批判することほど簡単なことはないからです。だって、単に知識のあら探しをすればいいのですから。

哲学というのは一種の芸術なのですから、どんな天才哲学者の言説にも必ずあらがあります。

それは、どんなに偉大な芸術作品にも必ずあらがあるのと同じです。もしも、ある作品に全くあらがない（完璧である）としたら、それは天才による芸術作品ではなく、職人による美術工芸品です。

難しいのは、他人の哲学の批判ではなく、自分の哲学を創り上げることです。そして、そのためには才能と努力だけでなく、勇気（理性的根性）が必要なのです。

批判されるのが怖い（勇気、理性的根性がない）から、自分の哲学を発表できない、という哲学研究者たちの気持ちはよく分かります。かくいう私だって、他人からの批判は怖くて怖くてたまらないのです。え？　どれくらい怖いかって？　そりゃあもう、小便ちびりそうなくらい怖いです。特に私には、大学研究者のような、哲学史についての深い専門的知識がありませんから。

でも、他人からの批判を誠実に受け止めてこそ、自分の哲学は大きく発展するのではないでしょうか？　批判に対して反論できると思ったら、遠慮なく反論すればいいのだし、反論できないと思ったなら、そこで私は批判者から知恵を授かることになるのですから、それはそれで、とてもありがたいことではありませんか。

あるいは、中にはこう思っている哲学研究者もいるかもしれません。というか、ほとんどの哲学研究者は学究人生の始まりにおいて、こう考えていたはずです。

「自分の哲学研究はまだ中途半端だから、ここで自分の哲学なんて発表したら、基本的知識のなさを指摘されて、大っ恥をかいてしまうだろう。今やっている哲学研究をひとまず完成させてから、それを土台に自分独自の哲学を構築しよう」

ところが実際には、すでに申しましたように、哲学研究を真剣に始めてしまうと、ほとんどの人は哲学史の知の迷宮にはまり込んでしまい、そこから抜け出せなくなってしまうのです。そして最後までホンモノの哲学者になることなく、哲学研究者として一生を終えてしまうのです。

だったら、いっそのこと発想を大転換して、いきなり自分の哲学を始めてみては、いかがでしょう？　哲学史の知識なんてほとんどなくていいから、自分の哲学を思い切って始めてしまうのです。哲学とはなにかが分かってさえいれば、それは誰にでもできるはずなのですから。

ただし、哲学は理論的であると同時に芸術的な学問なのですから、芸術一般がそうであるように、才能がなければ独創的な天才哲学者にはなれません。それに、学者であろうと芸術家であろうと、私たちは生活のために働いてお金を稼がなくてはならないのですから、プロの哲学研究者たちのほとんどが、今の職業的地位を失うリスクを冒してまで、ホンモノの哲学者へと一歩をなかなか踏み出せないでいるのは、仕方がないことのようにも思います。

11　ホンモノの哲学をするのに知識はいらない

しかし、読者の皆さんの多くは、おそらく天才哲学者を目指しているのでもなければ、職業としての哲学研究者になろうとしているのでもないはずです。そのような（プロになるつもりのない）人たちにこそ、ホンモノの哲学をする自由があるのではないでしょうか？

ホンモノの哲学をするのに専門的知識はいりません。ホンモノの哲学をするとは、アリストテレスやカントやハイデガーといった、他人の哲学の知識を頭に溜め込んで、その知識をひけらかすことではなく、一から自分で考えることだからです。そしてそれは、哲学とはなにかさえ分かっていれば、知識などなくてもできるのです。

私は決して、哲学研究ないし哲学史の勉強をしてはならないと言っているのではありません。哲学史の知識はホンモノの哲学者にとっても、あればあるに越したことはないからです。先達の知恵をヒントにしてこそ新しいアイデアは生まれる、というのも確かな事実ですからね。ただ、哲学研究や哲学史の勉強に囚われ過ぎてはいけないと思うのです。だって、せっかく哲学の魅力に目覚めたのに、他人の哲学の勉強だけで一生を終えてしまったら、もったいないじゃないですか。

他人の哲学の勉強だけで一生を終える哲学研究者は、大工道具をコレクションするばかりで、一軒も家を建てずに一生を終えるニセ大工のようなものです。その大工が優秀かどうかは、大工道具をどれだけコレクションしているかではなく、それらの道具を使って実際にどんな家を建てたかで評価されるはずです。ホンモノの哲学者にとって哲学史の知識は、優秀な大工にとっての大工道具のようなものなのです。道具も確かに大事ですが、道具に囚われてはいけません。

ただし、哲学研究が創造的な仕事になる可能性が全くないというわけでもありません。というのも、「天才哲学者からして、自分が築き上げようとした哲学体系を完全に理解していたわけではない」と言いましたが、するとそこに、哲学研究者による独創的な「解釈」の可能性が出てくるからです。

天才哲学者が自分の哲学体系を完全に理解（把握）していないように、天才芸術家もまた、自分の作品を完全に理解していません。これは、芸術作品が必当然的に永遠の未完成態であるということなのですが――そのため芸術では、作品の解釈という問題が発生します。もしも芸術家が自分の作品を完全に理解していたなら、言い換えれば作品を完成させていたなら、そこに新たな解釈の余地はなくなるでしょう。（ここで「未完成」とか「不完全」というのは、芸術家が手を抜いているということではありません。「常に生成するばかりで、決して完成することがない」（F・シュレーゲル）という芸術の実態を言っているのです。）

たとえばクラシック音楽の世界では、天才が作曲した名曲を、これまた天才演奏家が、作曲家が思いもつかなかったような独自の解釈で演奏するということが、昔から普通に行われています。そこで天才演奏家がやっているのは、楽譜を単になぞっているだけではない、創造的な芸術活動です。

天才哲学者の言説をテーマとする哲学研究についても、同じことが言えるのではないでしょうか？　つまり、哲学もまた芸術的な学問なのですから、そこには哲学研究者による独創的な解釈の余地があるのです。その場合、哲学研究者はクラシック音楽の天才演奏家と同様、創造的な芸術活動をしていることになります。つまり天才哲学研究者です。ただし、先に引用した三人の哲学（学）者の言葉からするに、それができている哲学研究者が現実にどれだけいるかは、はなはだ疑問ですが。

12　なぜ、哲学書は難解なのか？

話がだいぶ横道に逸れてしまいました。特に極限不完全帰納法－帰納的超越権飛躍推理のところは、理屈っぽくて少し難しかったかもしれません。しかし、哲学の話をしようとしたら、どうしてもある程度は難しくならざるを得ないのです。というのも、哲学に限らず学問というのは、ちゃんと学ぼうと思ったら難しくて当たり前だからです。もしも簡単に学べるとしたら、そんなもの学問とは言えないでしょう。

書店の哲学コーナーに行くと、超分かりやすく書かれていると謳った、哲学史の入門書が並べられていますよね。でも、あの手の本はかえって分かりにくくなっています。というのも、本当はじっくり時間をかけて説明しなければならないことを、サラッと結論だけ箇条書きしているからです。箇条書きされた結論だけ丸暗記しても、哲学を理解したことにはなりません。それは、「超高速ないし超高加速で動くと、時間と空間が歪む」という単純化された結論だけを丸暗記して、アインシュタインの相対性理論を理解したつもりになっているのと同じだからです。あるいは、レオナルド・ダ・ヴィンチの『モナ・リザ』とはどういう絵かを、一筆書きで伝えようとするようなものだからです。もしくは、リヒャルト・シュトラウスの交響詩『ツァラトゥストラはこう言った』を、リコーダー一本で演奏するようなものだからです。

いずれの場合も、髪の長い女の人が描かれているんだなとか、そういうメロディーが使われているんだな、ということは表層的な知識として伝わりますが、それぞれの作品の芸術的価値の実質は全く伝わりません。芸術作品の価値を本当に理解しようとしたら、作品をあるべき姿で直接、鑑賞しなければならないのです。

それと同じで、哲学とはなにかを、あまりにも単純化された言葉だけでサラッと表現しようとしても、正しい知識は伝わりません。哲学の話をしようとしたら、ある程度は難しくならざるを得ないのです。もっとも、だからといって、無闇やたらと難しく表現すれば良いというものでもないとは思いますけどね。

実は、歴史上の天才哲学者たちにはどういうわけか、まともな文章を書けない人がとても多いのです。まともな文章を書けないとは、文章がヘタクソである、あるいは、そもそも文法的に間違った文章を平気で書いているということです。

いやはや、これはなんとしたことでしょう？　哲学とは本来、言葉にこだわる学問のはずです。にもかかわらず天才哲学者には、まともな文章を書けない人が多いというのです。特に文法は、私たちの論理的思考能力と密接に関わっています。すなわち、まともな文章を書けないとは、論理的思考能力に難があるということを意味するはずです。にもかかわらず、天才哲学者たちにはちゃんと哲学ができているのです。

哲学が難解だとされる理由の少なくとも一つが、ここにあると私は思っています。つまり、哲学者に文才がないために、もっと易しく語れるはずのことを、わざわざ難しく語ってしまっているのです。

読者の皆さんの中には、哲学に興味を持って哲学書を紐解いてみたものの、サッパリ理解できなくてすぐに挫折した、という人がいらっしゃるかと思いますが、それは皆さんに論理的思考能力がないからではなく、その本を書いた哲学者の表現能力の問題かもしれないのです。

特に、文章に対する美的感受性の豊かな人ほど、ヘタクソな文章は読むに堪えないものです。逆に、文章に対する美的感受性の貧しい人は、ヘタクソな文章でも違和感なくスラスラ読めてしまうのです。それは、音楽鑑賞能力を鍛えた人にとって、ヘタクソな演奏は聴くに堪えないのと同じです。あるいは、安物のジャンクフードが北大路魯山人《きたおおじろさんじん》の口に合うはずがないのと同じです。

13　真の利己主義という理念ならびに偽の利己主義という概念は、因果応報論ではない

この本は道徳哲学エッセイです。道徳哲学がテーマとすべきは、「なにが善であり、なにが悪であるか？」ではなく、「そもそも善とはなんであり、悪とはなんであるか？」なのでした。そして、その答えとして私は、「真の利己主義という理念ならびに偽の利己主義という概念」を提唱したのです。

しばらく話が横道に逸れてしまったのは、セックスという一事例のみを与件として「真の利己主義という理念ならびに偽の利己主義という概念」を私が導き出した、その推論過程——それを

私は、極限不完全帰納法ないし帰納的超越権飛躍推理と呼んだのでした――に学問的正当性があることを論証せんがためだったのです。

さて、「なにが善であり、なにが悪であるか？」ではなく、「そもそも善とはなんであり、悪とはなんであるか？」という哲学的な問いに答えなくてはならないのは、「なにが善であり、なにが悪であるか？」という思想的な主張（価値観の表明）をしているだけでは、「なぜ人を殺してはいけないのか？」という子供の素朴な質問にすら答えられないからなのでした。

というのも、哲学のない思想は、「人を殺してはいけない。なぜならば、それは悪だからだ」というトートロジー（同語反復）以上のことをなにも言えないからです。あるいは、「善いことはしていいが、悪いことはしてはいけない」というトートロジーに終始するばかりで、「ではなぜ、善いとされていることは善いのか？　悪いとされていることは悪いのか？」という問いに、全く答えることができないからです。そして、どうしてそうなってしまうかというと、「そもそも善とはなんであり、悪とはなんであるか？」という根本的な問題に答えていないからなのです。

私が提唱する「真の利己主義という理念ならびに偽の利己主義という概念」によってこそ、これらの問題は根本的に解決されます。

すなわち、私は善と悪を次のように定義したのでした。

――善とは、真の利己主義に則った行為ならびにその結果のことであり、悪とは、偽の利己主義に囚われた行為ならびにその結果のことである――

これは、単純かつ輪郭明瞭にして、反論の余地の全くない善悪の定義です。誰にとっても利益であることを善とし、誰にとっても不利益であることを悪とする価値判断に反対する人など、いるはずがないからです。

ここまで読んでこられた読者の皆さんの中には、「真の利己主義という理念ならびに偽の利己主義という概念」とは、いわゆる「因果応報論」のことか?と思われた人がいるかもしれません。確かに、「真の利己主義という理念ならびに偽の利己主義という概念」は因果応報論に似ています。しかし、両者は全くの別物です。

因果応報論では、(原)因と(結)果の間に必ず時間的スパンがあります。因果関係とは時間的前後関係のことであり、現代物理学では光速を超えた因果関係はないとされているのですから、因と果の間には、それがどんなに短い瞬間であっても必ずスパンがあるのです。しかし「真の利己主義という理念ならびに偽の利己主義という概念」では、その時間的スパンが数学的な意味で全くありません。というのも、「真の利己主義という理念ならびに偽の利己主義という概念」は、セックスという一事例のみを与件として、そこから帰納的超越権飛躍推理された普遍法則なわけですが、セックスしている時の彼我の快楽は、一方の快楽が原因となって他方の快楽に結果するという継起体験ではなく、同時体験だからです。

すなわち、真の利己主義に則った私の善行は、それ自体がそのまま私にとっての利益なのであり、偽の利己主義に囚われた私の悪行は、それ自体がそのまま私にとっての不利益なのです。

私の善行ないし悪行と、私にとっての利益ないし不利益との間に時間的スパンが全くないというのは、とても重要です。なぜならば、私の善行ないし悪行と、私にとっての利益ないし不利益との間に時間的スパンのある因果応報論だと、因と果の間（過程）に横やりを入れることで、因果応報しない事態をいくらでも実現できてしまうからです。事実、どんなに悪いことをしても全く罰せられることなく、のうのうと天寿を全うして、笑いながら死んでいく輩がいることを、私たちは知っています。

このように、因果応報論は蓋然的には正しいのかもしれませんが、絶対普遍の真理ではないのです。

しかるに、「真の利己主義という理念ならびに偽の利己主義という概念」は因果関係を言っているのではありませんから、そこに横やりを入れて、その普遍妥当性にケチをつけることができません。すなわち絶対普遍の真理たり得ているのです。

14　自らを不幸にする犯罪者

では、どんなに悪いことをしても罰せられることなく、のうのうと天寿を全うして、笑いながら死んでいく凶悪犯罪者がいるという事実は、どう説明されるのでしょうか？

偽の利己主義という概念が正しいならば、悪事に手を染めた瞬間に（悪事に手を染めると同時に）その人は不幸になっているはずです。特に凶悪犯罪者ともなれば、不幸のどん底に叩き落とされているはずです。にもかかわらず、どんなに悪いことをしても（他人をどれだけ不幸にしても）、笑って一生を過ごす輩が現実にいるのです。

それは、私たちが「全知全能」ではないからです。

真の利己主義という理念、ならびに偽の利己主義という概念は、普遍的真理です。そして私たちは、その行為選択が自分に真の利益をもたらし、かつ誰にも真の不利益をもたらさないことが明らかなら、必ずそのとおりに行動するはずです。なぜならば、なにが自分にとって真の利益であるか分かっていながら、敢えてその利益獲得行為を選択しないのは、完全な自己否定だからです。完全な自己否定とは、自己欺瞞（言いわけ）の余地の全くない自己否定観念で、自らの精神を充満させることです。そのような暴挙は、試しにやろうとしてみれば誰でもすぐに分かる（内観確認される）はずですが、私たちに理性がある以上、絶対に不可能です。

しかし、全知全能ではない私たち人間には、なにが自分にとって真の利益であるかを、いついかなる時と場合においても正しく見極める知恵（エピステーメー）は備わっていません。特に現実の人間関係は複雑に錯綜しているから尚更です。そのため、私たちは人生行路の多くの場面で、偽の利己主義に囚われた愚かな行為を、そうすることが自分にとっての利益だとトンチン勘違いして、選択してしまうのです。

ですから、凶悪犯罪に手を染め、かつ自分がやったことを全く後悔しない人は、犯行の瞬間に自分で自分を不幸のどん底に叩き落としているのですが、愚かさゆえにそのことに気づけていいないのです。

ここで、開き直った犯罪者、たとえば完全犯罪に成功した保険金殺人者ならば、次のように言うかもしれません。

「確かに俺は、他人を不幸のどん底に叩き落とした凶悪犯罪者だ。しかし、その凶悪犯罪によって、大金をせしめて一生安泰に暮らせているわけだし、自分のやったことを全く後悔していない。つまり、俺は自分が不幸だとは全く感じていない。むしろ幸福だと感じている。そんな俺の、いったいどこが不幸だと言うのだ？　俺が幸福か不幸かは、他人にとやかく言われる筋合いではない。俺が幸福だと感じるなら、俺は幸福なのだ」

この保険金殺人者の言っていることは、一理あるようにも思えます。

哲学者のバートランド・ラッセルも、次のように言っています。

「他人からは幸福だと思われているが、自分は不幸だと思っている状態と、他人からは不幸だと思われているが、自分は幸福だと思っている状態の、どちらかを選べと言われたら、私は迷うことなく後者を選ぶ」

まず、この保険金殺人者の言っていることは、偽の幸福論（偽の利己主義に囚われた幸福論）になっています。そしてラッセルは、真の幸福と偽の幸福、ないし真の不幸と偽の不幸の違いをハッキリさせていません。よって、保険金殺人者の言っていることは単純に間違っていますし、ラッセルは考えの足りない馬鹿です。

「なぜ人を殺してはいけない（悪い）のか？」と問われた評論家たちが、なにも答えられなかった姿がテレビ放映されて社会問題になった時、心理学者の河合隼雄はただひと言、こう言いました。

「魂に悪い」

もしも、凶悪犯罪者がいかなる意味でも不幸になっていないというのが本当なら、真の利己主義という理念ならびに偽の利己主義という概念は、普遍法則（真理）ではないことになります。しかし、真の利己主義という理念ならびに偽の利己主義という概念が、普遍的真理であるならば、自分は幸福だと正直な思いとして実感している凶悪犯罪者も、人間としての本当のところでは必ず不幸になっているはずなのです。その、人間としての本当のところのことを、河合隼雄は「魂」と表現したのだと思います。

あるいは、魂という宗教的ないし心霊的な言葉を使うのが嫌なら、「人間性の実体」とか「人格の核心」と言っても構いません。

いずれにせよ、河合隼雄が言いたかったのは、その正体がなんであるか、具体的に把握することも理論的に記述することもできない「なにか」が、私たち一人一人の人間としての本当のところとして在るのであり、その「なにか」が絶望的に不幸になってしまうから、人を殺してはいけない（人を殺すことは自分にとって絶望的な不幸だ）ということなのだと思います。そして、その「なにか」が自分の中に確かに在ることは、私たちの誰もが——それこそ凶悪犯罪者ですら

——直観できているはずなのです。ただ、その直感内容を、どれだけ理性的かつ明瞭に把握できているか（知性レベル）に、個人差があるのです。

よって、「なぜ人を殺してはいけないのか？」の答えは、「殺すという行為それ自体が殺す人間にとって、殺される人間の殺されるという不幸以上の不幸だからだ」ということになります。人を殺すことは他人に不利益をもたらすことであり、他人に不利益（不幸）をもたらす行為は、必ず同時に自分自身にも不利益をもたらしている（自分自身をも不幸にしている）はずだからです。

なぜ、殺される人間より殺す人間の方がより不幸かというと、殺人事件が起こる瞬間は、殺す人間も殺される人間も不幸の度合いは同じですが、殺される人間は殺されることによって、もうそれ以上不幸を感じなくなるのに対し、殺す人間は殺した後も一生、不幸であり続けるからです。また、衝動的な殺人ではない計画的な殺人の場合、犯行を計画し始めた瞬間から、殺す人間の不幸は始まっていますから、不幸の総量はより増大することになります。

以上は、殺人という極端な凶悪犯罪についての話でしたが、同じことは殺人のような重犯罪のみならず、あらゆる軽犯罪、否、法律には違反しないが他人を不幸にする、あらゆる言動についても言えます。すなわち、どんなに軽い罪であっても、その罪を犯した人は必ず自分自身が不幸になっているのです。もちろん、軽犯罪は重犯罪に比べて他人を不幸にする度合いが低いですから、自分を不幸にする度合いもそれだけ低いことにはなります。

15 真の利己主義という理念ならびに偽の利己主義という概念は、理想論である

よって、この世から悪（不幸）をなくすためには、まずは全ての人が、偽の利己主義に囚われた愚かな行為をやめるべきだ、ということになります。そうすれば、この世から積極的な悪はなくなるはずだからです。

ただし、それだけだと積極的な悪はなくなっても、消極的な悪は残ります。

哲学者のカントは、私たちの義務（道徳的に為さねばならないこと）には、完全義務と不完全義務があるとしました。

完全義務とは、必ず果たさなければならない義務のことであり、不完全義務とは、必ず果たさなければならないということはないが、もし果たせば賞賛される義務のことです。

具体例を挙げますと、親が子供を虐待するのは完全義務を果たしていないことになりますし、その家で児童虐待が行われていることを近隣住民が察知しながら、なにも行動を起こさなければ、不完全義務を果たしていないことになります。

あるいは、いじめに積極的に参加するのは完全義務を果たしていないことになりますし、いじめに積極的に加担はしないが、いじめをなくそうと努力せずに見て見ぬふりするのは、不完全義務を果たしていないことになります。

不完全義務を果たさないのは、完全義務を果たさないことほどではありませんが、やはり「悪」です。なぜならば、不完全義務を果たさない行為によっても、自分自身を不幸にしているからで

す。

私の言う積極的な悪とは完全義務に反する行為のことであり、消極的な悪とは不完全義務に反する行為のことです。

では、消極的な悪もなくすにはどうすれば良いかといえば、真の利己主義という理念に従って行為すれば良いのです。すなわち、自分自身が幸福になるためにこそ、他人を幸福にすべく不完全義務を果たせば良いのです。

他人を不幸にすると、自分自身こそが不幸になるから他人を不幸にしてはいけない、というのが偽の利己主義という概念から導き出される道徳命題だったのに対して、他人を幸福にすることで、自分自身こそが幸福になるのだから他人を幸福にすべきだ、というのが真の利己主義という理念から導き出される道徳命題なのです。すなわち、偽の利己主義という概念と真の利己主義という理念は、あくまでも「損得勘定」なのです。ただし、真の損得勘定と偽の損得勘定があるのです。

ですから、「この世から悪（不幸）を一掃し、善（幸福）で満ち溢れさせるにはどうすれば良いか？」の答えは、少なくとも理論的には単純明快です。全ての人が、偽の利己主義に囚われた、誰も得をしない愚かな選択をやめて、真の利己主義に則った、誰もが得をする賢い選択をすれば良いのです。そうすれば、積極的な悪のみならず、消極的な悪もなくなるからです。

しかしながら、私たちは全知全能ではありませんから、なにが自分にとって真の利益であるかを、ありとあらゆる時と場合において正しく見極める能力など、あるはずがないのでした。そのため、私たちが偽の利己主義者であることを完全にやめて、純粋な真の利己主義者になることは、事実上不可能なのです。

もしも、私たちが純粋な真の利己主義者になれる（偽の利己主義者であることを完全にやめられる）のであれば、とうの昔にこの世は楽園（ユートピア）になっているはずです。なぜならば、なにが自分にとって真の利益であるかを、あらゆる時と場合において正しく見極めることができるならば、私たちは必然的に、純粋な真の利己主義者にならざるを得ないはずだからです。

では、真の利己主義という理念ならびに偽の利己主義という概念は、理想論としては正しいながらも、現実的には無意義な机上の空論なのでしょうか？

いいえ、そんなことはありません。なぜならば、私たちは完璧主義者である必要はないからです。いや、むしろ完璧主義者であってはならないからです。

真の利己主義という理念ならびに偽の利己主義という概念は、私たちにとっての善／悪を規定する、紛うかたなき真理ですが、あくまでもそれは理想論としてです。理想は決して実現しないからこそ、否、むしろ実現してはならないからこそ理想なのです。

いや、この言い方には語弊がありますね。これだとまるで、「理想は実現しようと思えばできるが、敢えて実現させてはならない」と言っているようですが、そうではありません。私たちはあくまでも、理想の実現に向けて努力すべきです。ただし、永遠に実現できないことが初めから分かりきっている憧れの対象だからこそ、理想なのです。そして、理想へと向かって永遠に努力し続ける姿勢こそが真であり、善であり、美なのです。

ですから、真の利己主義という理念ならびに偽の利己主義という概念を、私たちはあくまでも憧れ続けるべきです。というか、真の利己主義という理念ならびに偽の利己主義という概念を知ってしまった人は、生涯にわたってその理想を憧れ続け、その実現を追求せざるを得なくなるはずです。ただし、理想に囚われ過ぎてもいけないのです。

まぁ、要は中庸が大切だということなのでしょう。

こう言うと、「それだと結局、真の利己主義という理念も偽の利己主義という概念も、私たちの行為選択になんの影響も与えない、どうでもいい理論ということになるのではないか?」と思われるかもしれませんが、そんなことはありません。

なぜならば、真の利己主義という理念ならびに偽の利己主義という概念を、知っているか知らないかで、私たちの人生と世界は大きく変わるはずだからです。

補足――
「無償の愛」という言葉があります。「無償の愛」と呼ばれる行為は、利他主義としての善ではないのか?と思われるかもしれません。しかし、「無償の愛」と呼ばれる行為が善だとしても、その行為の実践によって行為者が満足感を得ている以上、それは十分に利己的な行為です。

たとえば、我が子に対する母親の愛は無償だと言われますが、母親が我が子に無償の愛（とされるモノ）を自己犠牲的に捧げる時、母親は母親としての満足感という報償を得ているのですから、それは十分に有償の、すなわち利己的な愛なのです。

誤解しないで欲しいのですが、私は、我が子に対する母親の「無償の愛」とされている——しかしてその実態は「有償の愛」である——心情ならびに行為には、価値がない（善ではない）と言っているのではありません。むしろ、それは崇高とすら言えるほどに価値ある善行（愛）だと思っています。なぜならば、そこで機能している相互愛情関係は、真の利己主義という理念が見事に実現している典型例だからです。

ただし「無償の愛」といったら、それは非論理的（非現実的）な言葉の弄び（嘘っぱち）だとして、哲学的には厳しく批判されなければならないのです。

16　カントの「定言命法」批判

（本節は、カントの道徳哲学を多少なりとも勉強したことのある人でないと、分かりにくい内容になっているかもしれませんが、その場合は読み飛ばしていただいて問題ありません。）

カントは、私たちが従うべき道徳命題は、「仮言命法」ではなく「定言命法」でなければならないとしました。仮言命法とは、「～したいならば、～すべし」という形で表現される、条件付きの道徳命題のことです。たとえば、「他人から褒められたければ（or他人から褒められるために）、善行すべし」というのは、仮言命法としての道徳命題です。対するに、「なにか他の目的のためではなく、その行為自体のみを目的として、〜すべし」という形で表現される無条件の道徳（義務）命題を、カントは定言命法と呼んだのです。定言命法に適った最も普遍的な道徳命題は、「善行のみを目的として、善行すべし」と表現されることになります。

仮言命法が道徳命題としてなぜダメかというと、条件付きの道徳命題だと、たまたま自分が置かれている状況次第では、その道徳命題に従った善行をしなくても良い、という判断が可能になってしまうからです。右の例（他人から褒められたければ、善行すべし）で言えば、善行をしても他人から褒められることのない状況であれば、善行しなくても良い、という判断が可能になってしまうのです。そのような、内部に不純な契機を孕む条件付きの道徳命題は、真の（純粋な）道徳命題ではないとカントは断じたのです。

それに対して定言命法は、「いついかなる時と場合においても、無条件に善行すべし」と端的に命じているのですから、それこそが普遍的かつ純粋な真の道徳命題だというのです。

しかし、内観（批判）能力の優れた人なら、ここで次のような疑問を持つはずです。

――なにか他のモノを目的とした手段としてではなく、その善行のみを目的として善行すべしというのが、定言命法に適った真の道徳命題だというが、定言命法に適った真の道徳命題とされるモノに従って善行する時、その人は、「自分は、定言命法に適った道徳命題に従った純粋な善行ができている」という満足感を得ているはずではないのか？　だとしたら、それは「定言命法に適った道徳命題に従った純粋な善行ができている自分は善人だ、という自己満足感を得たいならば、定言命法に適った道徳命題に従って善行すべし」という、仮言命法に従った不純な道徳的行為選択になっているのではないか？　すなわち、定言命法に適った純粋な道徳命題などというものは、少なくとも人間の行為を規定する法則としてはあり得ないのであり、人間にとって全ての道徳命題は、不純な仮言命法だということではないのか？——

たとえば、前節の最後（補足）で触れた「無償の愛」は、明らかに仮言命法です。もしも、文字どおりの意味での「無償の愛」なるものがあるとしたら、それは定言命法に適った愛だと言って良いのかもしれませんが、そのようなモノは私たちの心理学的事実として、あり得ないのでした。ただし、「無償の愛」と呼ばれている——しかしてその実態は「有償の愛」である——現象は、私に言わせれば「真の仮言命法」に適った愛なのであり、無条件に賞賛されて然るべき善なのです。

では、定言命法に適った道徳法則のみを純粋な動機とする善行など、あり得るのかといえば、少なくとも私には、いかように想像力（内観法）を働かせても、そのような心理学的事実はあり得ないとしか思えないのです。なぜならば、もしもそのような心理学的事実があるとしたら、その主体は、そう行為するようにコンピュータプログラミングされた、人間的感情のないロボットだとしか思えないからです。

すると、「定言命法」は私たちにとって全く無意味な理論なのかといえば、必ずしもそうではありません。というのも、カントにとって定言命法は、あくまでも道徳の形而上理念だったからです。

カントも、定言命法に適った道徳命題にのみ従った純粋な善行が、形而下（物質被制約的）存在者である人間には不可能だということは、分かっていたのです。ただカントは、定言命法に適った道徳命題に従った純粋な善行という、この世では実現不可能な形而上理念を、永遠の憧れの対象として宗教的（形而上学的）に信仰していたのです。

そう解釈すれば、カントの定言命法は、道徳のあくまでも形而上学としてなら、意義ある理念だと言えるのかもしれません。

しかし、だとすると今度は次のような疑問が発生します。

――形而下物質界における心理学的事実としては実現不可能な、形而上理念としての定言命法に適った道徳命題が、理論的には可能なはずだという想定は、それこそカントが厳しく批判した、独断論的形而上学になってしまっているのではないか?――

独断論的形而上学とは、私たちが生身で生きている形而下世界（の現象）にのみ妥当する概念を、形而上界（の理念）に無反省・無根拠に適用することによって、でっち上げられたファンタジー哲学を批判する際に、カントが使った言葉です。

すなわち、形而下世界では絶対に実現不可能な、定言命法に適った道徳命題に従った純粋な善行なるモノが、形而上学的には想定可能だというカントの思想こそが、独断論的形而上学ではないのか、という批判です。

定言命法に対する以上の批判は、もしかしたら、カントの著作に対する私の読解が足りないがゆえの誤解かもしれません。しかしそれとは別に、カントの道徳哲学には明らかに批判されるべき大きな欠陥が、もう一つあります。それは、「善（ならびに悪）そのもの」が定義されていないという点です。

たとえば、「なにか他の目的のための手段として（打算で）善行するのではなく、善行そのものを目的として善行せよ」というのが定言命法なわけですが、「では、善行とは具体的にどうすることか（なにが善行なのか）？」という問いに対してカントは、「私たちの常識的道徳感情が善行だとするものが善行なのであり、それらがなぜ善行とされるかについては、それ以上突っ込んだ説明などできないし、する必要もない」と言っているのです。

ですから、「なぜ人を殺してはいけない（悪である）のか？」という問いに対するカントの答えは、こうです。

――私たちの常識的道徳感情に照らして、殺人は悪に決まっているから悪なのだ――

これすなわち、カントの道徳哲学では、「なにが善であり、なにが悪であるか？」の答えは常識的に明らかだが、「そもそも善とはなんであり、悪とはなんであるか？」という道徳哲学の根本問題には、答えることができていないということです。

それに対して、私の道徳哲学（真の利己主義という理念ならびに偽の利己主義という概念）では、まさにこの、道徳哲学の根本問題に対する明確な解答が提出されているのですから、少なくともこの一点において、私の道徳哲学はカントのそれより原理的に優れていると言えましょう。というか、道徳哲学の根本問題である「善／悪」そのものを定義できていないどころか、定義する必要すらないとまで言いきっているカントの思想は、哲学の名に値しないのではないかと思うのですが、いかがでしょう？

17　戦場での殺人

以上をもちまして、「そもそも善とはなんであり、悪とはなんであるか？」という道徳哲学の根本問題は、十全かつ単純明快に答えられています。すなわち、善とは私にとって真の利益となる行為、ならびにその結果のことであり、悪とは私にとって偽の利益、もしくは真の不利益となる行為、ならびにその結果のことです。

そして、道徳哲学のこの根本問題に答えられてさえいれば、それぞれの具体的場面に応じて、「どうすることが善であり、どうすることが悪であるか？」は自ずと分かるはずなのです。その時々の私にとっての真の利益を追求するならば、それすなわち善行となり、私にとっての偽の利益ないし真の不利益を追求するならば、それすなわち悪行となるからです。

善／悪のこの定義、ならびに具体的判断には反論の余地がありません。全ての人にとっての利益が善であり、全ての人にとっての不利益が悪だという普遍的事実——そこには利害の対立がありません——に即した善／悪論に反対意見を唱える人など、いるはずがないからです。

ただし、全知全能ではない私たちには、なにが自分にとって真の利益であり、なにが自分にとって偽の利益ないし真の不利益であるかを、いついかなる時と場合においても正しく見極める能力など、あるはずがないのでした。それは言い換えると、複雑に錯綜した現実の人間関係を分析し、そこに渦巻く感情のもつれを一つ一つ解きほぐして、「なにが善であり、なにが悪であるか」を見定めるのは、とても難しいということです。そのため、真の利己主義という理念ならびに偽の利己主義という概念は、理論的理想論としては完全無欠に正しいのですが、処世術としては役に立たない場合が多いのです。

たとえば、「なぜ人を殺してはいけないのか？」の答えは、「人を殺すという行為そのものが自分にとって、この上ない不利益であり、人を殺すことによって、自分こそが不幸のどん底に落ちてしまうから」なのでしたが、これは事態をあまりにも単純化した説明です。私たちが実際に人を殺す、ないし人の死を願うのには様々な事情があり、それらを十把一からげに悪と決めつけることはできないように思うからです。

たとえば、戦場で相まみえた敵兵を殺すことは善なのでしょうか？　それとも悪なのでしょうか？　もし、そこであなたが、いかなる場合でも殺人は悪だから絶対にやってはいけない、という信念を貫くならば、あなたが逆に敵兵に殺されてしまうかもしれません。それは、敵兵が殺人という大罪を犯すということです。するとあなたは、自分が敵兵を殺すという悪事に手を染めないかわりに、敵兵にあなたを殺すという悪事を犯させていることになります。そのようなあなたの行為選択は、善だと言えるのでしょうか？　それこそ、自分さえ善ければ他人はどうなってもいいという、偽の利己主義に囚われた行為選択（悪）ではないでしょうか？

それに、敵兵を殺さずに見逃すことによって、自分の命のみならず味方の兵士たち、ならびに一般市民（非戦闘員）の命をも危険に晒すことになりかねません。殺人という悪事には一切手を染めたくないという、〈善人〉の利己的（独善的）な行為選択は、戦場では自分の命のみならず、味方の命をも危険に晒す、無責任な行為選択なのです。無責任は善ではないと思います。

18　戦争をなくすことはでき（てい）ないという現実主義

こういうことを言うと必ず出てくるのが、「そもそも戦争を起こさなければ良いのだ」という意見です。

確かに、そもそも戦争を起こさなければ、戦場で敵兵を殺すことは善か悪か？などという問題に、頭を悩ます必要はなくなります。

しかし、ここには論点のすり替えがあります。というのも今、問題になっているのは、いざ戦争になってしまったらどうするか？だからです。そして現実問題として、人類は未だに戦争をなくすことができていないのだし、どうすればそれができるかも、全く分かっていないのです。

一九四五年以来八十年近くにわたって、一国鎖国平和主義というガラパゴス特権を享受してきた日本だって、いつ開国を迫られ戦争しなければならなくなるか、分かったものではありません。少なくとも、いわゆる平和主義のお題目を念仏のように唱えているだけで、戦争を絶対に回避できるほど、世界の現実は甘くないと思います。

「戦場で相まみえた敵兵を殺すのは善なのか？　悪なのか？」という問題に対して、「そもそも戦争を起こさなければ良いのだ」と答えるのは、「いつか寿命がきて死ななければならないのが、怖くてたまらない。この恐怖をどう克服すればいいのか？」という切実な問いに対して、「そもそも生まれてこなければ、死ぬこともないのだから、死の恐怖など感じない」と答えるのと同じなのです。

確かに、そもそも生まれてこなければ、いつか必ず死ななければならないと恐怖することはありません。しかし、事実問題として私もあなたも生まれ、今、生きているのです。その、生きている私やあなたが、生きている証として、全ての生きている人間にとって不可避な死を想い、恐怖しているのです。この現実を直視するところから始めなければなりません。

あるいは、死の恐怖ではなく、生きることの恐怖ないし絶望を表現した、次のような言葉があります。

「こんな辛い人生を送るくらいなら、いっそ生まれてこなければ良かった」

「私なんか、生まれてきたことがそもそも間違いだったんだ」

しかし、これらの言葉には現実性が全くありません。現実性が全くないとは、それらの発言は理論的に無意味だということです。

なぜならば、もしも私が生まれていなければ、私が生きていない今現在の世界を私が体験することはないのですから、少なくとも私を主体とする価値判断としては、そこには善いも悪いもあり得ないからです。つまり右の発言は、そもそも私はどこにもいたことがないのに、どこにもいたことのない私が、私のいない世界について現在進行形で価値判断しているという、おかしな（現実的かつ理論的に無意味な）話になっているのです。

それと同じで、現実問題として戦争をなくすことはできていないのだし、どうすれば恒久平和を実現できるかも、誰にも全く分かっていないのですから、「戦場で人を殺したくなければ、そもそも戦争をしなければいい」と言うのは、現実的かつ理論的に全く無意味な発言なのです。

まぁ、敢えて言えば、この地球上から戦争を完全かつ永遠になくす絶対確実な方法が、一つだけあることはあります。それは、人類を絶滅させれば良いのです。人類が絶滅すれば、戦争はおろか殺人も永遠になくなります。

しかし、そのような世界（？）を、戦争が完全になくなった永久平和世界と言うことはできません。なぜならば、それは世界に永久平和がもたらされたと判断できる認識主体――それは人間以外にはあり得ません――が、もはやどこにもいない世界（？）だからです。

あるいは、こう言ってもいいでしょう。

——人類が絶滅した世界（？）とは、世界と呼ぶことすらできない正体不明の〈なにか〉なのであり、その正体不明の〈なにか〉について、平和だとか善だとか言う（価値判断する）ことは、誰にもできないのだ——

「戦場で敵兵と殺し合いをしたくなければ、そもそも戦争を起こさなければいい」というのが論点のすり替えなのは、以上で説明しましたように、現実逃避論法になっているからです。

戦争をなくすことができていないという現実を直視しようとしない、頭の中お花畑な自称平和主義者がホンモノの平和主義者だとは、私にはとても思えません。恒久平和を理想として、その実現を真剣に考えるならば、今、そこにある現実を直視することから始めなければならないのです。

ところで、私がさっきから「現実」という言葉を多用しているのに対して、読者の皆さんの中には、こう思われた人がいるかもしれません。

「哲学者とは、非現実的な観念の世界で理屈を弄んでいる人ではなかったのか？」

いいえ、とんでもない。現実から目を逸らしているのは哲学者ではなく、哲学をしていない人たちの方ですよ。哲学者は、現実から目を逸らして心地良い夢想にまどろんでいる、あなたたち大衆の目を覚まさせ、その眼前に厳しい現実（真実）を、容赦なく突きつけようとしているのです。

19 「歴史にｉｆはない」の哲学的解釈

ここで、話がちょっと横道に逸れますが――というかこの後、話がどんどん横道に逸れまくっていくのですが――、「歴史にｉｆはない」という言葉について考えてみたいと思います。

これは、歴史的教養をひけらかしたがる人がよく使う言葉なのですが、たとえば「歴史にｉｆはないが、もしも織田信長が本能寺の変で死んでいなければ、その後の日本の歴史はどうなっていただろう？」という風に使われます。

「歴史にｉｆはない」とは、「過去のある歴史的出来事が、（もしも）違った事態であったなら、その後の歴史はどうなっていただろう？」という、誰もが一度は考えたことのある問いに対して、そのようなことを考えることはできないということです。

ここで「できない」というのは、そのようなことを考える（想像する）のは、学問としての歴史ではないということです。あるいは、そのようなことを考えても、それはもはや歴史ではないのだから、意味がないということです。

それは、どうしてでしょうか？

むしろ、歴史のｉｆは歴史ファンタジーとして、昔から様々な物語が創作されているではありませんか。すると、少なくとも歴史のｉｆを想像することはできるわけですし、それをしてはいけないという法律があるわけでもないのです。当たり前ですけどね。にもかかわらず、歴史のｉｆについてあれこれ想像を巡らすのは、本来の歴史としては全く意味がないとされているのです。

これはいったい、どういうことなのでしょう？

もしもそれが、「歴史的（客観的）事実は変えられない」と言っているだけならば、そんなこと当たり前です。どこかのお隣の某民族のように、歴史観を捏造しまくることはできますが、歴史的（客観的）事実は誰にも変えられませんからね。

それに、「歴史に・ifはない」という言葉によって、「歴史的（客観的）事実は変えられない」という、当たり前のことを言っているだけだとしたら、そもそも「もしも～だったら」という表現の中に、「歴史的（客観的）事実は変えられないが」という意味はすでに含まれています。「もしも～だったら、～だっただろう」というのは、言葉を補って表現すれば、「あくまでも起こってしまった客観的事実は変えられないが、もしも事実と違って～だったら、～だっただろう」ということだからです。つまり、「もしも～だったら、～だっただろう」という歴史的事実に反する仮定の話——中学校で学ぶ英文法では、それを仮定法過去完了というのでした——をするにあたって、「歴史に・ifはないが」などという前置きは必要ないのです。

ではなぜ、歴史的教養をひけらかしたがる人は、歴史的事実に対する仮定法過去完了文である「もしも～だったら、～だっただろう」という話をする際に、必ずこの言葉を使うのでしょうか？

そこには、おそらく次のような想いがあるのです。

「歴史に・ifはないというのが、歴史を学ぶ者にとって常識だとされているのに、織田信長が本能寺の変で死ななかったら、などという歴史的事実に反する仮定の話をいきなりしたら、歴史的教養を疑われてしまう。『歴史にｉｆはないが』という、なんだかよく分からないけど権威のある（らしい）定型文句を前置きしておけば、歴史のｉｆを語る免罪符になるだろう」

私自身は歴史に暗いですし、そもそも歴史にほとんど関心を持てない人間なのですが、この言葉には、「歴史的事実は変えられない」という当たり前の意味より、もっと深い特別な意味があるはずだ、とかねてより直感していました。で、歴史に詳しい何人かの知人に尋ねてみたのですが、やはり皆、この言葉には、「歴史的事実は変えられない」という当たり前の意味以上の深い意味があるはずだとは思っているものの、それがなんであるか、ハッキリとは把握していないようなのです。

実は、この問題の答えは前節ですでに出ています。

前節で私は、人生に絶望した人の、「こんな辛い人生を送るくらいなら、いっそ生まれてこなければ良かった」とか、「私なんか、生まれてきたことがそもそも間違いだったんだ」という発言には、現実的にも理論的にも意味がないという話をしました。

それは、「こんな辛い人生を送るくらいなら、いっそ生まれてこなければ良かった」という文章は、「もしも私が生まれていなければ、私がこんなに辛い人生を送ることはなかった（のだから、それは私にとって善いことだ）」という仮定法過去完了文にパラフレーズされますが、もしも私が生まれていないならば、私はどこにもいたことがないのですから、どこにもいたことのない私が、どこにもいないし、いたこともない私の人生について、善いとか悪いとか不幸だとか幸福だとか、今現在進行形で価値判断できるはずがない――それは全く無意味である――ということなのでした。

ここで言われているのは、「もしも私が生まれていなかったら〜」という「私の歴史の究極の・ｉｆを考えることはできない（それは無意味だ）」ということです。

歴史といったら、普通は日本民族の歴史とか、アメリカ合衆国の歴史とか、人類の歴史といった、人間集団の歴史のことです。そして、それら人間集団の歴史の単位は個人の歴史です。

ここで「人間集団の歴史の単位は個人の歴史だ」というのは、個人の歴史が原因としてまずあって、その結果として集団の歴史が形成されるという、一方通行の因果関係を言っているのではありません。個人の歴史を原因として集団の歴史が結果するということも確かにあるでしょうが、同時に、集団の歴史によって個人の歴史もまた規定されているからです。すなわち、個人の歴史と集団の歴史は「無限交錯的相互作用」の関係にあることになります。

いずれにせよ、個人の歴史の集合体として、民族の歴史や国家の歴史、あるいは人類の歴史は成り立っているのですから、「（個人の）歴史に・ｉｆはない」ことが確認されれば、「（民族ないし国家ないし人類の）歴史に・ｉｆはない」ことも確認されたことになります。

もっとも、「もしも私が生まれていなかったら〜」というのは、私一個人の歴史にとっての「究極の・ｉｆ」であり、それに対応するのは、「もしも人類が誕生していなかったら〜」という、これまた人類の歴史にとっての「究極の・ｉｆ」です。

私たちが今、問題にしているのは、そのような「究極の:if」ではなく、あくまでも「限定的な:if」です。つまり、「私がこの世に生まれて今も生きていることは、この現実と変わりないとしても、もしも私があの時に違う選択をしていたならば、その後の私の人生はどうなっていただろう?」あるいは、「人類が誕生して今も存続していることは、この現実と変わりないとしても、もしも織田信長が本能寺の変で死ぬことなく天下を統一していたら、その後の日本の歴史――そして世界の歴史――はどうなっていただろう?」という「限定的な歴史の:if」です。そもそも、もしも人類が誕生していなかったら、「(人類の)歴史の:if」という言葉自体が全くの無意味になってしまいます。

このような「限定的な歴史の:if」もまた、無意味だと言えるでしょうか?

この場合も、「限定的な、個人の歴史の:if」が無意味だと確認されれば、「限定的な、民族ないし国家ないし人類の歴史の:if」も無意味だということになります。

「限定的な、個人の歴史の:if」の具体例としては、次のようなものが挙げられます。

「私はAと結婚したが、AはとんでもないDV男であった。実はAと結婚すると決めた時、Bさんからも求婚されていたのだが、迷った挙げ句にAと結婚することにしたのだ。その後Bさんも結婚したが、奥さんに対してとても優しい、いい旦那さんになっているそうだ。もしもAではなくBさんと結婚していたら、私は幸せになれていたはずだ」

この仮定法過去完了も、「究極的な、個人の歴史の:if」、つまり「もしも私が生まれていなかったら、私は～だっただろう」という仮定法過去完了が全く無意味だとされたのと同じ理由で、全くの無意味なのです。

なぜならば、私のアイデンティティーとは、これまでの私の人生の主観的な経験の総体以外のなにものでもないのですから、もしも私がAではなくBさんを結婚相手に選んでいたならば、その選択の瞬間から私は、この現実の私ではない別人になっているからです。あるいは、Bさんを結婚相手に選んだ瞬間から、Aと結婚したこの現実の私は、この世に存在しなかったことになるからです。

つまり、もしも私がAではなくBさんと結婚していたならば、AのDVに苦しんでいるこの私は、そもそもどこにも存在しないのです。にもかかわらず、その存在しない私が、Aと結婚してDVに苦しんでいるという、どこにも在りはしない立場から、Bさんと結婚して幸せになっている私の歴史を想像しているのです。

これは、「究極的な、個人の歴史のｉｆ」、すなわち「もしも私が生まれていなかったら、私は～だっただろう」という仮定法過去完了が無意味だったのと全く同じ理屈で、無意味です。

以上をもちまして、「限定的な、個人の歴史のｉｆ」もまた、全くの無意味であることが確認されました。そして、「限定的な、個人の歴史のｉｆ」が全くの無意味であるからには、「限定的な、民族ないし国家ないし人類の歴史のｉｆ」もまた、全くの無意味ということになります。

「歴史にｉｆはない」という言葉の意味は、こういうことだと思います。

私たちの多くは、今現在、幸せの絶頂にある一部の人を除いて、「あの時に戻って、人生をもう一度やり直したい」と思っているものです。

かくいう私も、強くそう思います。

しかし、過去の失敗に対する、この未練たらしい仮定法過去完了文は、「限定的な個人の歴史のｉｆ」ですから、それはタイムリープでもしない限り実現不可能であるのみならず、そもそも想定として全く無意味なのです。

もちろん、ここで言われているのは、あくまでも理屈です。

「限定的な、個人の歴史のｉｆ」が全くの無意味だというのは、理屈としては完全に正しいと思います。しかし、だからといって私たちは、変更不可能な過去への未練感情を、そう簡単に断ち切れるものではありません。いやむしろ、私の話を聞いて、「な〜んだ、そうか。過去の失敗を悔やんでも全く意味がないんだな。だったら、これからは一切の未練を持たずに、前向きに生きてこう！」と単純に割り切れる人が、もしいるとしたら……

ハッキリ言いましょう。その人はオメデタイ馬鹿です。

ただ、「歴史にｉｆはない」という言葉には、こういう解釈もあるのだと知っていただければ、私を含めて、人生を深く後悔しながら生きている人たちに、「前を向いて生きていく勇気」を少しでも与えられるのではないかと、僭越ながら思ったりもするのです。

20 「歴史にｉｆはない」の科学的解釈

「歴史にｉｆはない」という言葉は、物質科学的に解釈することも可能です。それは、歴史的因果関係は単純系（線型）ではなく複雑系（非線型）だという事実に基づく解釈です。

単純系とは事態の因果関係が単純な系のことであり、複雑系とは事態の因果関係が複雑な系のことです。すなわち、複雑系とは要素的な単純系が多数集まって複雑になった系のことです。ただし、単純系の単なる総和ということでは説明のつかない逸脱事態が、複雑系では起きていることが、現代科学によって明らかになっています。

私たちの常識では、たとえそれがどれだけ複雑な系（複雑錯綜した因果関係事態）であろうと、あくまでも単純な系（単純な因果関係事態）の総和として、因果関係メカニズムが煩雑になっているだけだろうと思いがちですが、そうではないというのです。

単純系の単なる総和として捉えることのできない複雑系の特徴には様々ありますが、ここで私が特に注目したいのは、「バタフライ効果」と呼ばれるものです。

現象の因果関係を単純系としてのみ捉えるならば、初期条件が僅かに違っていたとしても、将来の現象（結果）は大きく変わらない（十分、予測可能な範囲内に収まる）はずですが、複雑系においては初期条件が僅かに違うだけで、将来の現象が予測不能の大きな展開を見せることがあります。それを、バタフライ効果と言うのです。

これは、気象学者のエドワード・ローレンツが一九七二年に行った講演『予測可能性—ブラジルでの蝶（バタフライ）の羽ばたきは、テキサスでトルネードを引き起こすか』に由来する言葉です。蝶の羽ばたきは、ごくごく小さな気流を生み出すだけの活動にすぎませんが、それが原因（の一端）となって、いずれ遠く離れたテキサスで、トルネードのような大きな現象を発生させることがあり得るというのです。

歴史も当然、複雑系です。歴史とは人間集団の総体的展開現象のことですが、人間集団の活動はもとより、そもそも一人一人の人間活動からして複雑系だからです。

すなわち、複雑系という物質科学的因果関係認識によると、過去のある出来事が少しでも違っていたら、その後の歴史は全く予測不能の展開を見せているはずなのです。それこそ、「織田信長が本能寺の変で殺されなかったら」というような大きな出来事ではなく、史実として痕跡を残さないような小さな出来事が一つ違っていただけでも、その後の歴史的事態はバタフライ効果によって、全く予測不能の展開を見せるはずなのです。

ですから、「歴史に.ifはない」という言葉の物質科学的な解釈とは、歴史的事態の因果関係は、単純系（線型）ではなく複雑系（非線型）なのだから、「もしも過去のある事態が歴史的事実と違っていたら、その後の歴史はどうなっていただろう？」と考えても、そこに一意的な解答はないということです。

ただし、複雑系という物質科学的因果関係認識が私たちに教えているのは、正確には「歴史に

ｉｆはない」ということではないことに注意が必要です。というのも、複雑系という物質科学的因果関係認識の下では、「もしも過去のある出来事が別の事態であったら、その後の歴史はどうなっていただろう？」という仮定法過去完了疑問文の条件節（ｉｆ節）である、「もしも過去のある出来事が別の事態だったら」という仮定自体は否定されていないからです。ただし、帰結説である「その後の歴史はどうなっていただろう？」という質問に対する一意的な解答は不可能だというのです。

すなわち、複雑系という物質科学的因果関係認識の下では、現実の歴史的事実と異なる過去の事態を仮定することは、ひとまず理論的に可能なのです。ただし、歴史というのは、常に未来に向かって無限の可能性をもって開かれているというのが、複雑系という科学的認識が私たちに教えてくれていることなのですから、歴史のｉｆを考えることはできても、その後の歴史がどう展開するかについては、なにも確言できないのです。

対するに、前節で述べた私の解釈では、そもそも仮定法過去完了文の条件節（ｉｆ節）自体が理論的に無意味だとされているのですから、より根源的（存在論的）な解釈になっています。

21　タイムパラドクス

「歴史にｉｆはない」という言葉についての以上の考察は、タイムトラベルもののＳＦの古典的なテーマである、タイムパラドクス問題に対する、一つの答えにもなっています。

タイムパラドクス（time paradox）は、日本語に訳せば「時間の逆説」です。「逆説」とは、「理論的に正しいが、同時に理論的に間違っている説」のことです。あるいは、「現実には在り得ないはずの事態が、理論的には在り得ることになってしまう説」or「現実に在るはずの事態が、理論的には在り得ないことになってしまう説」のことです。

タイムパラドクスとは、タイムマシンで過去に行って事実を書き換えるようなことをすると、それ以降の歴史的事実として在ったはずのことが在り得ないことになったり、歴史的事実としてなかったはずのことが在ったことになってしまうという矛盾のことです。

最も有名な具体例に「親殺しのパラドクス」があります。自分が生まれるより前の過去に行って、親を殺したらどうなるか？という問題です。

自分が生まれる前に親は殺されるのだから、自分は生まれないことになります。しかし自分が生まれなければ、成長した自分が過去に行って親を殺すことはないのだから、自分は生まれたはずです。しかし、その自分はタイムマシンで過去へ行って親を殺すのだから、やはり自分は生まれていないはずであり……という矛盾になってしまうのです。

これが、「親殺しのパラドクス」です。

この矛盾を解決するために、ＳＦの世界では大きく分けて二つの答えが提出されています。

一・どんなに努力しても必ずなんらかの妨害が入り、親を殺すことは絶対にできない（ようになっている）。従ってパラドクスは発生しない。

二．親を殺した瞬間から、その世界は自分が元いた世界とは別の世界（パラレルワールド）に枝分かれする。親が殺された世界では自分は生まれないが、自分が元いた世界では親は殺されなかったし自分も生まれる。従ってパラドクスにはならない。

過去へタイムトラベルした場合に問題になるのは、親殺しのパラドクスのような、自分の存在そのものが矛盾になってしまう究極のパラドクスだけではありません。過去へタイムトラベルしたら、もうそれだけで、多かれ少なかれ歴史を改変してしまうかもしれないのだから、その場合もやはり、改変された歴史と、タイムトラベラーが記憶している歴史との間に矛盾が発生してしまうことになります。この、改変されてしまうかもしれない歴史と、タイムトラベラーの記憶との間に発生する矛盾もまた、タイムパラドクスです。

そのような、一般的な意味での歴史改変をしてしまうことによって発生するタイムパラドクス問題の答えは、次のようになります。

一．どんなに努力しても必ずなんらかの妨害が入り、歴史を変えることは絶対にできない（ようになっている）。従ってパラドクスは発生しない。

二．事実を書き換えるようなことをした瞬間から、その世界は自分が元いた世界とは別の世界（パラレルワールド）に枝分かれする。その世界のそれ以降の歴史は、自分が知っている歴史とは異なったものになるが、自分が元いた世界では歴史は変えられていない。従ってパラドクスにはならない。

ちなみに、タイムパラドクスは過去へタイムトラベルした場合にのみ発生します。未来へタイムトラベルした場合には発生しません。したがって、過去へのタイムトラベルは、元いた世界の直系の過去へのタイムトラベルになりますが、もしもそこで、事実を書き換えるようなことをしてしまったら、そこから未来にタイムトラベルしても、元いた世界には戻れません。なぜならばそれは、枝分かれしてしまった世界（パラレルワールド）の未来（元いた時代）だからです。

さて、「親殺しのパラドクス」について考えるのは、「究極的な、個人ないし家族の歴史のｉｆ」であり、「改変された歴史とタイムトラベラーの記憶との間に生じる矛盾――タイムトラベラーによる一般的な歴史改変のパラドクス」について考えるのは、「限定的な、個人ないし民族ないし国家ないし人類の歴史のｉｆ」です。

そして、前節で確認されたのは、究極的な歴史のｉｆにせよ限定的な歴史のｉｆにせよ、それが現実に選択されていたならば、その瞬間から「私」は「この私」ではなくなってしまうのであり、「世界」は「この世界」ではなくなってしまうということでした。この考えは、明らかに上の二、すなわちタイムトラベラーが直系の過去へ行って事実を書き換えるようなことをしてしまった瞬間から、その世界は彼が元いた世界から枝分かれして、パラレルワールドになるという考えに照応しています。

すなわち、「限定的な、個人の歴史のｉｆ」が選択されていた場合の「私」が「この私」ではなくなるというのは、それが「この世界の私」ではなく「パラレルワールドの私」だからなのです。

同様に、「限定的な、民族ないし国家ないし人類の歴史のｉｆ」が選択されていた場合の「世界」が「この世界」ではなくなるというのは、それが「この世界」ではなく「パラレルワールドとしての世界」だからなのです。

ですから、タイムトラベラーが過去の歴史を改変することによって、その後の歴史展開が、タイムトラベラーの記憶している歴史的事実と矛盾してしまうという、タイムパラドクス問題が発生するように思えるのは、あくまでもタイムトラベラーが元いた世界の住人にとっての話なのです。未来からやって来たタイムトラベラーの働きかけによって、タイムトラベラーの記憶とは異なる歴史を歩むことになるパラレルワールドの住人にとって、その歴史はなんら改変されていません。自由選択能力ないし現象の偶然性を認めるなら、パラレルワールドは無数ある——世界は瞬間ごとに、パラレルワールドからパラレルワールドへと枝分かれしていくのだから——ことになりますが、それぞれのパラレルワールドの元からの住人にとって、やはり歴史にｉｆはないのです。

では、パラレルワールドなど在り得ないとしたらどうでしょうか？　その場合、歴史は完全決定論に支配されていることになりますから、過去へタイムトラベルしても、歴史的事実は絶対に変えられないことになります。すると、答えは一なのでしょうか？

しかし、一は私たちの自由選択能力ないし現象の偶然性が否定されているようで、多くの人は納得できないはずです。私も、この答えは辻褄合わせのために無理矢理こじつけた屁理屈のようで、気に入りません。むしろ、パラレルワールドが存在しないことが証明されたなら、過去へのタイムトラベルは絶対（原理的）に不可能だと証明されたことになると考えた方が、話がスッキリしていると思います。

補足――
以上の話では、過去へ行ったタイムトラベラーが事実を書き換えるようなことをしたら、その瞬間から世界はパラレルワールドに枝分かれするとのことでしたが、正確には、タイムトラベラーが過去に行っただけで、その世界は彼が元いた世界の直系から枝分かれしてしまうはずです。なぜならば、タイムトラベラーが元いた世界の直系の過去には、タイムトラベラーが未来からやって来たという事実はなかったのですから、過去へ行ったタイムトラベラーが、そこで人間界にも自然界にも全く干渉しないように、どれだけ注意しようとも、タイムトラベラーが現れたという、ただそれだけの契機ないし要素によって、その世界全体は――いわゆる歴史的事件が在ったりなかったりというほどの大きな歴史改変は起こらないにしても――タイムトラベラーが元いた世界――そこでは、タイムトラベラーが未来からやって来たという歴史的事実はなかった――とは、客観的に別の世界になるからです。

22　実力とはなにか？

「限定的な、個人の歴史にifはない」という命題からは、私たち一人一人の「実力と責任」についても、以下のような考えが導き出されます。

それは、私たち一人一人の実力と、やってしまったことに対する責任を考える際、どこまでがその人の本然ないし必然的な要素（or契機）によるのであり、どこからが運ないし偶然的な要素（or契機）によるのか？という問題です。

この問題について語る際、私はいつも、超一流アスリートDさんの身に降りかかった、ある災難の話から始めることにしています。

Dさんはなんのスポーツ選手かというと、まぁ、なんでもいいのですが、ここでは卓球選手ということにしておきましょう。

超一流卓球選手のDさんは、大事な世界大会を一週間後に控えていました。下馬評ではDさんの優勝は間違いないとされていましたし、彼自身、体調、気力ともに万全な状態にありました。

ところがその日、Dさんはトンデモナイ不運に見舞われてしまったのです。

それは、いつものように練習場から歩いて帰宅する途中のことでした。曲がり角から突然、飛び出してきた男に、Dさんは日本刀で斬りかかられたのです。

普通の人間なら、そこでアウトです。確実に斬り殺されていたでしょう。

しかし、さすがは卓球で動体視力と反射神経を鍛えていたDさんです。絶妙なボディワークで凶刃をかわすと、すかさず軽やかなフットワークで男の背後に回り、そのままテイクダウンして制圧することができました。ちなみに極め技は、総合格闘技の試合でよく見られるチョークスリーパーだったそうです。

通報を受けて駆けつけた警察官に男の身柄は確保されましたが、Dさんを襲うまでに三人の通行人を斬り殺していた無差別連続通り魔でした。Dさんに取り押さえられていなければ、犠牲者の数はもっと増えていたでしょう。その後の取り調べで、男の尿からは覚醒剤が検出されたそうです。

卓球選手のDさんが、どうしてブラジリアン柔術の使い手なんだ?というツッコミはさておき――さすがは超一流卓球選手のDさん、アッパレ！　と言いたいところですが、実はDさんも無傷ではありませんでした。もちろん、命に関わるようなものでもなければ、後遺症が残るようなものでもなかったのですが、Dさんもやはり、凶刃によって怪我を負わされていたのです。そして、その怪我のためにDさんは、一週間後の世界大会を欠場せざるを得なくなってしまいました。

Dさんとしては青天の霹靂としか言いようのない、全くの不運（災難）です。

ほとんどの人は、ここで次のように思うはずです。

「本当は優勝できる実力があったにもかかわらず、不運に見舞われて実力を発揮できなかった」

つまり、通り魔殺人鬼に襲われるという、Dさんの責任では全くない不運によってもたらされた偶然的結果（成績）とは別に、Dさんの本来的実力なるものがどこかに在るはずだ、というわけです。

では、「偶然性＝幸運ないし不運」に左右されないDさんの本来的実力とは、なにを指しているのでしょうか？

まず考えられるのは、事件に遭遇する直前にDさんが有していた、卓球選手としての能力でしょう。

しかし、超一流卓球選手としてのDさんの能力は当然のことながら、生まれつき彼に備わっていたものではありません。長年の努力の賜物であるはずです。そして、長年の努力に耐えて彼がここまでやってこられたのは、卓球を始めたきっかけ、良い指導者に巡り合えたこと、刺戟的なライバルたちとの切磋琢磨、その他もろもろがあったからでしょう。しかし、それらは皆、Dさんが恵まれた環境にあったと言っているだけではありませんか。

少なくとも、ある人が幼少期に置かれていた環境条件は、その人の本来的実力とはなんの関係もない——言い換えれば、その人にはなんの責任もない偶然的要素ないし契機だと、普通は考えられています。だとすると、Dさんがたまたま恵まれた環境で生い育ったことで超一流卓球選手になれたのは、Dさんの実力によるものではなかった、ということになるのではありませんか？

つまり、運悪く通り魔に襲われて怪我をしたことによって、世界大会を欠場せざるを得なくなったのがDさんの責任ではないというならば、そもそも幼少期から、たゆまぬ努力を続けたことで超一流卓球選手になれたのも、Dさんの実力ではなかった、ということになるのではありませんか？

もっとも、Ｄさんが超一流卓球選手になれたのは、後天的な環境条件ならびに、その条件のもとでの努力のみによるのではないとも思います。そこにはやはり、Ｄさんが生まれつき持っていた才能という要素もあるはずです。先天的な才能がまず在って、その上で後天的な環境条件に恵まれた人が、たゆまぬ努力を主体的に積み重ねることではじめて、Ｄさんのような超一流アスリートになれるのでしょう。

では、Ｄさんの先天的な才能こそが、超一流卓球選手としてのＤさんの本来的実力なのでしょうか？

いいえ、Ｄさんの先天的な才能もまた、Ｄさんの本来的実力とは言えないのです。なぜならば、Ｄさんの先天的な才能とは、Ｄさんが持って生まれた遺伝子の発現した特徴のことですが、自分がどのような遺伝子を持っているかを、主体的に（自らの責任で）選択して生まれてきた人など、いるはずがないからです。

私の遺伝子は、私の両親のある精子とある卵子が受精した瞬間に、両者の遺伝子の組み合わせで決まったわけですが、私は私の両親のいかなる遺伝情報を持つ精子と、いかなる遺伝情報を持つ卵子を受精させて私になるかを、自ら主体的に選択して生まれてきたのではありません。私にとって私の遺伝子は全くの偶然の産物なのです。言い換えれば、私がどうしてこの私なのかは全くの（究極的な）偶然なのであり、私にはどうしようもないことなのです。

同じ両親の子供として生まれるにしても、もっと違った遺伝子の組み合わせで生まれてきたかったと思わないでもありませんが、この私と違う遺伝子の組み合わせで生まれてきた人がいるとしたら、その人は私の兄弟ということにはなるのかもしれませんが、私ではありません。あるいはその場合、私はこの私ではなくその兄弟になってしまうということですから、この私はそもそも存在しないことになります。それすなわち、「私の歴史の究極のｉｆ」を考えることであり、全くの無意味です。

あるいは、いわゆるデザイナーズチャイルドのように、両親が自分たちの遺伝子をどう組み合わせて子供を作るかを、自由に選択できる時代がくるのかもしれませんが、その子供の遺伝的特徴（先天的な才能ないし個性）もまた、偶然の産物であることに違いはありません。偶然に全く左右されずに、両親が子供の遺伝子を決める（デザインする）ということは、あり得ないのです。なぜならば、ここまで述べたのと同じことが、両親が自由選択した（と思っている）行為についても言えるからです。

そもそも、異性にモテる――美男ないし美女、あるいは背が高かったりスタイルが良かったり、頭が良かったり芸術的才能があったり性格が良かったりといった――遺伝的特徴を持つ生殖パートナーを私たちが選択したがるのは、そのような遺伝的特徴を持つパートナーとの間に生まれる子供は、高い確率で同じ遺伝的特徴を備えているはずだと期待されるからです。すなわち、そのような子供は親と同様に異性にモテる可能性が高いのであり、親である自分の遺伝子を効率よく後世に伝えてくれるだろうと期待されるからなのですから、それだってやはりデザイナーズチャイルドではありませんか。つまり、デザイナーズチャイルドというのは、遺伝子工学が発達して初めて実現可能になるというような大層な話ではなく、大昔から、しかも人間のみならず動物も含めて自然にやっている当たり前のことを、遺伝子操作技術としてできるようになるだけなのです。

もっとも、異性にモテる遺伝的特徴を持つ相手を生殖パートナーとして選ぼうとするのは、人間ないし動物が自然な進化の結果として身につけた本能的感情なのに対し、遺伝子工学技術による恣意的なデザイナーズチャイルドは、自然な進化を逸脱した人工的行為なのだから、そこには自然の合目的的メカニズム、ないし人間社会の健全な生態系を乱してしまう危険性があるのではないか？と危惧する向きもあるかと思います。しかし、遺伝子工学技術による恣意的なデザイナーズチャイルドは、もしもそれが医療インフラとして実現するとしたら、自然な進化を逸脱した行為では全くありません。なぜならば、遺伝子工学技術にしてもデザイナーズチャイルドにしても、自然な進化の結果にすぎないからです。そのことは、進化論についてお話しするところ（2章）を読めば、理解していただけるはずです。

23　実力とは結果論である

以上から導き出される不可避的結論は、次のとおりです。

——この世界のどこにも、ある人の本来的実力などという実体（本当にあるモノ）は存在しない。Dさんが遺伝的（先天的）な才能に恵まれ、後天的な生育環境にも恵まれ、たゆまぬ努力を積み重ねて超一流卓球選手になれたのは、貧乏人だったEさんが、気まぐれに一枚だけ買ったジャンボ宝くじで一等大当たりして、濡れ手にアワで大金持ちになれたのと全く同じ、単なる偶然の産物なのである――

おかしなことを言っているようですが、Dさんが世界大会で優勝できなかったのは、全くの不運としか言いようのない怪我のためであり、それはDさんの本来の実力ではないし、Dさんの責任問題でもないというならば、このおかしな結論を私たちは認めなければならないのです。

このようなおかしな結論、あなたは認められますか？　私は認められません。なぜならば、私たちには実力などなく、全ては偶然の産物にすぎないというのは、私たちは中身スカスカの人間モドキだと言っているようなものだからです。そのような、人間としての尊厳を否定するアンチ・ヒューマニスティックな思想など、とても受け入れられません。

しかし、以上のアンチ・ヒューマニスティックな結論が導き出された論述過程には、なんの間違いもないというのも、また事実なのです。いやはや、これはどうしたことでしょう？　ここで私たちが直面しているのは、いわゆるパラドクスなのでしょうか？

いいえ、そうではありません。以上の論述過程には、確かになんの間違いもないのですが、あくまでもそれは、その論述「過程」にはです。実は以上の論述は、その過程ではなく「前提」に間違いがあったのです。前提が間違っていれば、論述過程がいくら正しくても、おかしな結論が導き出されてしまうのは当然です。

では、その間違った前提とはなにかというと、「ある人の実力は、その人にとって偶然的な要素ないし契機（運）とは独立な実体である」という、私たちの常識なのです。その常識を前提とする限り、「私たちに実力はない」などという、おかしな結論にならざるを得ないのです。

ですから答えは簡単です。逆転の発想で次のように考えれば良いのです。

――ある人の実力とは、その人にとって偶然的な要素ないし契機、すなわち運の総体のことであり、それ以外のナニモノでもない――

そして、「限定的な、個人の歴史のｉｆ」は全くの無意味だったのですから、「もしも、あの時～だったら、私の実力は～だったはずだ」という可能性としての実力についてとやかく言うのも、全くの無意味ということになります。

要するに実力とは、その人が現時点で成し遂げている「既成事実」のことなのであり、それ以外のなにものでもないのです。実力とは、あくまでも「結果論」なのです。「運が悪くて実力を発揮できなかった」などという言いわけは、いっさい許されないのです。

実力をこのように定義してこそ、私たち一人一人の人間としての尊厳（ヒューマニズム）は保証されます。

したがって、Dさんが不運にも通り魔に襲われて負傷し、世界大会を欠場せざるを得なくなったのは、少なくともその世界大会の成績に関しては、それがDさんの実力だったのです。あるいは、Ｅさんが気まぐれに一枚だけ買ったジャンボ宝くじで一等大当たりして、一瞬にして貧乏人から大金持ちになれたのも、それもまたＥさんのれっきとした実力なのです。

ただし、ジャンボ宝くじで一等大当たりして何億円もの大金を獲得できたのは、あくまでもその時点でのＥさんの実力です。そのような大金を突然手にしたＥさんの人生がどうなるかは、それはそれでまた、いずれ明らかになるＥさんの実力です。その大金を元手に始めた事業で大成功したＥさんは、幸せな人生を送ることになるかもしれませんし、あるいは不意の大金を手にしたことで、その後のＥさんの人生は大きく狂わされてしまい、後から振り返ってみれば「ジャンボ宝くじなんか買わなければ良かった」と（いう仮定法過去完了文で）深く後悔することになるかもしれません。いずれの結果になろうと、それがＥさんの実力なのですから、その結果をＥさんは、自らの責任において全面的に引き受けなければなりません。

ですから、もしもあなたが今、不幸のどん底にあるとして、そうなってしまった原因が、過去の不運やあなた自身の愚かな選択、あるいは他者からのなんらかの働きかけにあるのだとしても、それら全てをひっくるめて、今現在に結果するあなたの実力なのですから、その現実をあなたは主体的に引き受けるべきなのです。なぜならば、そうしないと、あなたは自らの人間としての尊厳を否定することになってしまうからです。

人間としての尊厳を自ら否定するとは、人間であることをやめるということです。人間をやめた人間モドキには、不幸もなければ幸福もありません。なぜならば、幸／不幸は人生についての歴史解釈であり、動物にはない、人間のみにある理性的感情だからです。動物にあるのは幸／不幸ではなく快／不快です。すなわち、動物にあるのは理性的感情としての歴史解釈ではなく、単なる刹那的感情です。刹那的感情が時間の流れの中でいくら連続しても、歴史にはなりません。

ただし、誤解のないよう願いたいのですが、実力が全て偶然（幸運ないし不運）の産物だからといって、努力しても仕方がない（努力をする必要はない）ということではありません。というのも、「ｉｆ」を考えることが全く無意味だとされる「歴史」とは、あくまでも「過去の歴史」であり「未来の歴史」ではない――そもそも「未来の歴史」という言葉には意味がない――からです。

どういうことかと言いますと――

24　受験生のパラドクス

大学受験でも公務員試験でも司法試験でもなんでもいいのですが、あなたは試験の合格を目指して勉強しているのだとします。あなたにとって未来の受験結果は、合格か不合格かのどちらかです。で、もしも合格する運命なら、もうこれ以上あなたは受験勉強をする必要がありません。勉強しなくたって、どうせ合格するのですから。あるいは、もしも不合格となる運命なら、これまたこれ以上、受験勉強をする必要がありません。どんなに勉強したって、どうせ不合格なのですから。つまり、いずれにせよあなたは、もう受験勉強をする必要がないのです。

これが「受験生のパラドクス」です。もちろん、これは詭弁です。詭弁とは、一見正しいようで実は間違っている主張のことです。

パラドクス（逆説）とは、「理論的に正しいが、同時に理論的に間違っている説」、あるいは「現実には在り得ないはずの事態が、理論的には在り得ることになってしまう説」or「現実に在るはずの事態が、理論的には在り得ないことになってしまう説」のことなのでした。ですから、あるパラドクスの理論的間違いが確認されれば、それはパラドクスではなく詭弁（屁理屈）だということになります。

では、この話（受験生のパラドクス）の、どこが間違っているのでしょうか？

お気付きの方もいらっしゃるかと思いますが、その答えは、タイムパラドクスについて考えたところ（21節）で、すでに出ています。

タイムパラドクス問題の解決策として私が採用したのは、次のような考えでした。

——タイムトラベラーが過去へ行くと、そこはタイムトラベラーが元いた世界の直系の過去だが、その瞬間からその世界は、タイムトラベラーが元いた世界から、パラレルワールドへと枝分かれする。そして、タイムトラベラーが現代に戻っても、そこはタイムトラベラーが元いた世界ではなく、パラレルワールドの現代である——

つまり、タイムパラドクス問題を解決する鍵は、パラレルワールドの存在にあったわけです。

そして、世界は瞬間ごとに無数のパラレルワールドから無数のパラレルワールドへと枝分かれしていくのですから、（過去に起こったことは歴史的事実として変更不可能ですが、）未来に起こり得ることには無数の選択肢があるのです。

「受験生のパラドクス」のどこが間違っているかは、もうお分かりでしょう。そうです、試験に合格するにせよしないにせよ、未来の結果が運命ないし必然として、すでに決定しているという前提が間違っているのです。試験を受ける以上、その結果は合格か不合格かのどちらかでしかあり得ませんが、そのどちらになるかは、その時が来るまで歴史的に決定していないのです。

ですから、結果論としての、すなわち既成事実としての私の実力が全て偶然の産物にすぎないとしても、未だなにも結果していない未来に向かって努力することには、十分な意義があるのです。それは、それら未だ決定されていない無数の選択肢の、どれをこれから選択することになるかが、私にとって偶然的事態にすぎないとしても、そうなのです。それこそ私が今、自分にとって良い結果をもたらすはずの選択をすべく「努力」しているとして、努力しているというその「実感」もまた、偶然の産物——錯覚——にすぎないのだとしても、そうなのです。

（本節で述べたことは、量子力学における不確定性原理の、実存主義的解釈になっているかもしれません。）

25　自由意志

「私たちに自由意志はあるのか？」という哲学史上の古典的問題が、ここで改めて提起されています。というのも、自らを主体とする（とされている）過去の事態にせよ未来の事態にせよ、それらが全て偶然の産物にすぎないなら、私たちには自由意志などないように思われるからです。

偶然性（混沌、カオス）は自由ではありません。むしろ、自然界が偶然性（混沌、カオス）に支配されているなら、そこに必然性（秩序、コスモス）を恣意的に構築する能力のことこそを、私たちは（人間理性的）自由と呼ぶのです。

さて、古典的な哲学史の文脈では、私たちに自由意志があるかないかは、この世の全ての事態は物理学的決定論に支配されているのか？それとも非決定論的な事態が起こる余地があるのか？との関連で論じられてきました。

もしも、この世の事態の全てが決定論的因果関係に従って必然的に生起しているなら、私たちの意識ないし精神機能の中枢とされている大脳神経系も物質なのだから、私たちの意識ないし精神現象は物理学的決定論に支配されていることになります。すなわち、私たちには自由意志（事態の自由選択能力）はありません。私たちは身体運動のみならず精神活動も含めて、ぜんまい仕掛けの機械のようなものだということになるからです。

逆に、もしもこの世に非決定論的な事態が起こる余地があるならば、すなわち必然性ではなく偶然性に支配された現象が生起する余地があるならば、そこにこそ私たちが自由意志を発揮する可能性があるのではないか？と考えられてきたのです。

しかし、自由意志についての、この古典的な考えは間違っています。

26　自由意志についての古典的な考えが間違いであるとされる、第一の理由

第一に、この世には非決定論的な、すなわち偶然に支配された事態が起こる余地があるのだとしても、それがそのまま、私たちに自由意志があることの根拠には全くなりません。さっきも言いましたように、私たちにとっての自由とは、事態の偶然性（混沌、カオス）ではなく、むしろ事態が偶然性に支配されているならば、そこに人間理性を主体（能動因）とする必然性（秩序、コスモス）を、恣意的に構築する能力のことこそを言うのだからです。極端な話、この世の全ての事態が完全なカオス状態にあるならば、私たちには自由選択能力など欠片もないはずです。

それに、この世には非決定論的な（偶然性に支配された）事態が起こる余地があるのであり、そこに人間精神による恣意的な決定づけを行う能力のことを、自由意志と呼ぶのだとしても、事態に対する（自由な）操作主体とされている人間精神だって、それが大脳神経系を中枢とする物質的メカニズムの産物であるならば、少なくともその一部は、やはり非決定論的なカオス状態にあるはずです。すると、自由意志能力を発揮したつもりになっている私が、本当に自由であるとされる根拠は、私の精神現象の中の非決定論的なカオス状態にある、その一部に求められることになります。しかし、だとすると今度は、私の精神現象の中の非決定論的なカオス状態にある、その一部を、外部から何者かが（自由に）操作していることになりますが、それはいったい何者なのでしょう？

ここまでくるともう、自由意志の第一原因である能動主体を物質的な機能に求めることはできません。すなわち、私たちに自由意志があるとされる根拠が物理学的非決定論なのだとしたら、私たちの精神機能は、少なくともその一部に非物質的ななにかを含んでいることになります。

私たちの精神実体が、少なくともその一部に非物質的な要素ないし契機を含むとする考えを、唯心論（or主観的観念論）と言います。唯心論は唯物論（or客観的実在論）の反対思想です。唯心論は正しいのかもしれませんが、だとしたら、そもそも唯物論ではなく唯心論こそが正しいのだと論証できていなければなりません。それをせずして（それができないのに）、問題解決の都合のいい特効薬として唯心論に頼るのは、普遍学でなければならない理論理性的学問の敗北宣言です。（もっとも、同じ批判は唯物論にも当てはまります。というのも、科学は唯物論を大前提としますが、唯物論を科学的に、ないし理論理性によって証明することは不可能だからです。科学者にとって唯物論は、無条件に前提される存在論的公理なのです。ですから、「唯心論ではなく唯物論が正しい」と独断論的に主張する科学者の合理性レベルは、「アッラーアクバル（神は偉大なり）！」と叫びながら自爆テロを敢行するイスラム過激派のそれと、本質的になんの違いもないことになります。両者ともに、それ以上の原理的な論証を拒絶している理性的独断‐信仰告白だからです。）

27　自由意志についての古典的な考えが間違いであるとされる、第二の理由

そもそも自由意志とはなんでしょうか？　私たちは自由意志という言葉を、どういう意味で使っているのでしょうか？

自由意志という言葉は、「自由」と「意志」という二つの言葉からできています。そこで、この二つの言葉それぞれを確認してみますと、まず「自由」は、「自らなにかをしようとして、それができること」と定義されます。そして「意志」は、身体的ないし物質的な機能や働きではない、純粋な精神活動（のはず）ですから、「自由意志」とは、「自らなにかを考えようとして考える能力」ということになります。

しかし、私たちには、「なにかを考えようとして考える能力」など、本当にあるのでしょうか？　というのも、これは誰でもすぐさま内観確認できるはずなのですが、私たちはほとんどの場合、「なにかを考えようとして考えている」のではなく、「気がついたらなにかを考えている」のだからです。

私は今、「ほとんどの場合」と言いました。では、私たちには「なにかを考えようとして考えている」瞬間もたまにはあるのかといえば、如何様に想像力を働かせて自らの精神活動を振り返ってみても、そのような瞬間など、これまでの人生で一度たりともありはしなかったし、これからも絶対にないはずだということに、誰もが気付かされるはずです。

このことが意味しているのは、私たちは自律的（能動的）に考えているのではなく、常に他律

的（受動的）に考えさせられているということではないでしょうか。他律的にしか考えることができない（受動的に考えさせられているだけの）精神に、「自由意志」などあるはずがありません。

28　自由意志についての古典的な考えが間違いであるとされる、第三の理由

第三に、これが最も根本的な、自由意志についての古典的な考えが間違いであるとされる理由なのですが、それは、自由意志という言葉自体が間違いであり、自由意志というものはないということです。これは、自由意志という能力を想定することはできるが、人間にはそのような能力を発揮することはできないということではなく、自由意志という言葉自体にそもそも意味がないということです。

どういうことかと言いますと――

自由意志という言葉に意味があるとするなら、それは自律的に「考えようとして考える能力」のことなのでした。ところが、自律的に「考えようとして考える能力」に対しては、次のような理論的な問題（パラドクス）が発生してしまうのです。

自律的に「考えようとして考える」ことができるとは、全くなにも意欲していない状態から、「よし、考えよう！」という意欲が突如発現して、なにかを考え始められるということです。しかし、全くなにも意欲していない状態から、どうやって「よし、考えよう！」という意欲が発現し得るのでしょうか？

「よし、考えよう！」という意欲もまた、一つの「考え」ではありませんか。だとしたら、「考えようと意欲する」→「考え始める」という因果関係の原因である「考えようと意欲する」も、「考えようとして考えられた」結果としての考え（意欲）であることになります。すなわち、「考え始めるために考えようと意欲する」のに対して、「考え始めるために考えようと意欲するために考えようと意欲する」という考え（意欲）が先行していなければならないのです。そして、「考え始めるために考えようと意欲するために考えようと意欲する」のに対しても、「考え始るために考えようと意欲するために考えようと意欲するために考えようと意欲する」という考え（意欲）が先行していなければなりません。すると、どうなるかといえば、「考え始めるために考えようと意欲するために考えようと意欲するために考えようと意欲するために考えようと意欲するために……」という無限後退（無限遡及）になってしまい、どこまで遡っても、なにも意欲していない精神状態から自律的になにかを考えようと意欲し始める出発点には、永遠に辿り着けないことになってしまうのです。

　このことが意味しているのは、「もしも私たちの思考が全て自律的な自由意志によるなら、私たちは一切考えることができない」ということです。なぜならば、「考えようとして考える能力」と定義される自由意志によって発現するとされる、特定の思考の出発点を確認しようとすると、今述べたような「考え始めるために考えようと意欲するために考えようと意欲するために考えようと意欲するために考えようと意欲するために……」という無限後退になってしまい、どこまで遡っても思考の出発点に辿り着けないからです。どこまで遡っても思考の出発点に辿り着けないとは、そのような思考はあり得ないということです。

しかし、私たちは現に思考できています。にもかかわらず、私たちは思考できないという、おかしな結論が導き出されているのです。このパラドクスはどう解決すれば良いでしょうか？

まず、以上の議論では、「私たちの思考は全て自律的な自由意志による」と前提されていますが、この前提がそもそもおかしいのでは？という意見があるかと思います。というのも、ほとんどの人は自分には自由意志があると思っているはずですが、だからといって、自分の思考活動の全てが自律的な自由意志によるとは、さすがに思っていないはずだからです。

たとえば、面白いストーリーの小説を、我を忘れて読み耽っている時や、展開の目まぐるしいアクション映画をスクリーンに釘づけになって観ている時、あるいは自分の趣味に合った音楽の調べに恍惚と身を委ねている時など、私たちは思考はしていますが、そこに自由意志の働きなどほとんどないことを、誰もが認めるはずです。

今、例に挙げたのは作品鑑賞という、ある意味積極的な意識状態にある時の話でした。では、もっと消極的な意識状態、たとえば、なにをするでもなくボケーっとしている時はどうかといえば、その場合の私たちもやはり、自由意志はほとんど働いていませんが、意識がある以上、思考はしているのです。

どんなにボケーっと無為な時間をダラダラ過ごしているように見えても、意識がある以上、私たちはちゃんと思考しているのです。なぜならば、全く思考していないとは、意識がないということだからです。

このように、私たちの思考活動は、その大半が自由意志とは関係なく自然に発生しているのですから、「私たちは思考できないはずなのに思考できている」というパラドクスは、「私たちの思考活動は全て自律的な自由意志による」という誤った前提に基づく詭弁なのです。

「私たちは思考できないはずなのに思考できている」というパラドクスが詭弁であることは判明しました。しかし、私たちの思考活動の、少なくとも一部を担っている（はずの）自由意志に対する、「考え始めるために考えようと意欲するために考えようと意欲するために考えようと意欲するために……」という無限後退問題はまだ残っています。

しかし、ここまでくればもう、この問題は簡単に解決できます。「考え始めるために考えようと意欲するために考えようと意欲するために考えようと意欲するために……」という無限後退に陥ってしまったのは、「自由意志（考えようとして考える能力）」などという、在りもしないものが在ると思い込んでいたからなのです。自由意志など在りはしないという正しい認識を持てば、無限後退問題など発生しないのです。

そうです。私たちには自由意志などないのです。「自分には自由意志が在る」と、これまで皆さんは思っていたはずですが、それは錯覚なのです。幻なのです。

補足——
私は、人間に自由はないと言っているのではありません。人間に自由はあります。ただしそれは、自由意志ないし不自由意志ではなく、自由実感ないし不自由実感です。自由実感は「来るべき未来に対する実現可能性への期待感情」と定義され、不自由実感は「過ぎ去りゆく過去に対する変更不可能性への未練感情」と定義されます。そして、自由実感は空間感情と、不自由実感は時間感情と、それぞれ密接に関わっています。詳しくは拙著『私の哲学試論——神・身体・言語・論理・時空・数学・自由・人工知能・生命——』（島燈社刊・電子書籍）をご一読下さい。

29　神の自由意志

ただし、私たち（のみならず宇宙内に存在する全ての生命体）には在り得ない、自由意志能力の在る主体を、理論的（形而上学的）に想定することはできます。

それは「神」です。

なぜ神には、そして神にのみ自由意志が在るかというと——

自由意志（考えようとして考える能力）を発揮する思考の出発点を確認しようとすると、「考え始めるために考えようと意欲するために考えようと意欲するために……」という無限後退に陥ってしまうのであり、そこから、私たちには自由意志などないという結論が導き出されたわけですが、それは私たち（ならびに宇宙内の全ての生命体）が、現実の時間の流れ（と空間の広がり）

に制約された思考しかできないからです。

時間の流れ（ならびに空間の広がり）を超越した思考は私たちにはできません。というか、「時間の流れ（ならびに空間の広がり）を超越した思考」という人間の言葉には意味がありません。時間の流れの中で（or時間の流れとともに）私たちは思考せざるを得ないのであり、それ以外の思考の在り方など、私たちの能力として想定できないからです。あるいは、私たちの思考活動こそが、私たちに実感される時間の流れそのものなのだと言ってもいいでしょう。

したがって、時間の流れ（ならびに空間の広がり）に制約されない思考ができる主体を理論的（形而上学的）に想定するならば、その主体には自由意志能力が在ることになります。そして、その主体としては神以外にあり得ないのです。なぜならば神が、そして神こそが、時間の流れと空間の広がりを超越した無制約者であると定義されているからです。

（私はここで、いわゆる「神の存在証明」をしようとしているのではありません。ただ、「自由意志」という言葉に意味があるとするならば、その唯一可能な主体として、私たち人間はもちろんのこと、時空をも超越した無制約者である〈と定義される〉神を理論的に要請せざるを得ない、ということです。あるいは、キリスト教神学には「神の超越と内在」というテーマがありますが、もしも私たちに自由意志が在るならば、それは私たちに内在する神の為せる業だという説明も可能かもしれません。）

時空を超越した無制約者である神はまた、その定義上「無からの創造者（造物主）」でもあります。私たち人間（ならびに宇宙内に存在するあらゆる生命体）には、無からの創造はできません。私たちに創造できるのは、すでにこの世に在る素材（有）からの、それら素材を構成して作られるなにか（有）です。すなわち、神の創造が「無から有の創造」なのに対して、私たちにできるのは「有から有の創造」なのです。

自由意志によって始められたとされる、ある思考の出発点を確認しようとすると、「考え始めるために考えようと意欲するために考えようと意欲するために……」という無限後退に陥ってしまうわけですが、この理論的事実が意味しているのは、「自由意志というものが在るとするならば、それは無から有の創造としての思考でなければならない」ということです。

なぜならば、無から有の創造としての思考ができるとは、なにも考えていない状態（無）から、いきなりなにか（有）を考えようと意欲して考え始めることができる、ということだからです。

私たち人間に自由意志が在ると想定した場合、「考え始めるために考えようと意欲するために考えようと意欲するために……」という無限後退に陥ってしまったのは、私たちには「有から有の思考」しかできないからです。有には必ず原因があります。そして、その原因もまた有である以上、それを結果とする原因である有がなければならないことになり、原因から原因への無限後退になってしまうのです。

しかし、無には原因が在りません。そして神は「無から有の創造者」なのですから、「無から有の思考」も当然できることになります。よって神には、そして神にのみ自由意志（考えようとして考える能力）が在ることになります。

30　天才（その1）

なるほど、私たちには「無から有の創造」はできません。私たちにできるのは、せいぜい「有から有の創造」です。しかし、だからと言って「有から有の創造」にはなんの価値もないということでもありません。なぜならば、私たち人間にもできる「有から有の創造」の最たる成果として、「天才」の業績があるからです。

ここで、天才という言葉を正しく定義しておきたいと思います。というのも、世間一般ではこの言葉が、あまりにも軽々しく、かつ誤った用語法で使われているからです。

皆さんは天才という言葉を、「極端に傑出した能力」というくらいの意味で使っていませんか？　たとえば、「絶対音感を獲得した天才少年少女たち」とか、「十歳でＴＯＥＩＣ九二〇点を取った天才英語少年」とか、「現役で東大に楽々合格する天才」とか……。

あるいは、サヴァン症候群と呼ばれる、知的障害がありながらも、特定分野で驚異的な記憶能力や計算能力を発揮する人たちがいます。たとえば、「〇〇〇〇年〇月〇日は何曜日か？」と質問されてすぐに答えられたり――しかし、なぜそのようなカレンダー計算が瞬間的にできるのかは本人にも分からない――、多数桁同士の掛け算や割り算を、電卓なみの速さで暗算してのけたり――しかし、どうしてそのような暗算が瞬間的にできるのかは本人にも分からない――、専門的な音楽教育を受けたこともないのに、初めて聴いた曲をその場で正確にピアノ演奏してみせたり……。

それら、サヴァン症候群の驚異的な能力を目の当たりにした人々は、こう言います。

「天才だ！」

しかし。これらは全て「天才」の間違った用語法です。今、挙げた「極端に傑出した能力」は、いずれも天才では全くありません。なぜならば天才という言葉には、単なる「極端に傑出した能力」ということではない特別な意味があるのであり、右に挙げた例はいずれもその意味、すなわち天才の定義に全く適っていないからです。

天才の正しい定義は、次のように単純明快に表現されます。

――それまでに存在しなかった新しい価値を創造（クリエイト）する能力――

レオナルド・ダ・ヴィンチも、ベートーヴェンも、アインシュタインも、ピカソも、まさに「それまでに存在しなかった新しい価値を創造（クリエイト）した」から天才なのであり、超秀才だったから天才なのではありません。

サヴァン症候群も超優等生も超秀才も、それがどんなに常人離れした能力であろうと、なんら「新しい価値を創造」していない以上、天才では全くないのです。もしもサヴァン症候群や超優等生や超秀才の傑出した能力が天才なら、カメラやテープレコーダーやパソコンこそが「超天才」だということになりますが、そんな馬鹿な話はないでしょう。

もちろん、サヴァン症候群ないし超優等生ないし超秀才であり、かつ天才でもあるという人もいるでしょうが、少なくともサヴァン症候群であったり超優等生であったり超秀才であることは、天才であることの十分条件でないのはもちろんのこと、必要条件ですらないのです。

31　幼児早期教育の弊害

絶対音感についても同様です。絶対音感は単なる言語能力であり、言語脳臨界期とされる五～十二歳くらいまでに適切な環境下で音楽教育を受ければ、特別な才能などなくても、健常者であれば誰でも獲得できる陳腐な能力です。

そもそも、絶対音感は音楽センスとなんの関係もありません。ワーグナー、チャイコフスキー、スクリャービンには絶対音感がありませんでしたが、だからと言って彼らに音楽家としての才能ないし実力が欠けていたという事実は全くありません。絶対音感は後天的な環境要因によって、少数の人だけが獲得している特殊な言語能力ではありますが、絶対音感を獲得したからといって、それだけで音楽的才能が開花するということはないし、それどころか絶対音感は、音楽的才能を開花させるための必要条件ですらないのです。つまり、絶対音感のあるなしに関わりなく、音楽的才能のある人は、努力（と運）次第でその才能を開花させることができますが、音楽的才能のない人は、いくら努力しても――かつ、運に恵まれても――才能溢れる音楽家にはなれません。確かにプロの音楽家――プロの音楽家＝才能のある音楽家、ではありません――には絶対音感のある人が比較的多いですが、それは彼らの多くが、幼少期から音楽漬けの生活を送ってきたことによる、単なる副産物（偶有性）です。

近年大流行の幼児早期教育の一環で、子供たちに絶対音感を無理矢理に覚え込ませていますが、あれはいったいなにを目的としているのでしょうか？　もしも、音楽教育として（音楽センスを磨くために）やっているつもりだとしたら、全くもって本末転倒としか言いようがありません。

それは、たとえて言うならば、酒と薬物で身を持ち崩した無頼派の天才作家に憧れた文学青年が、その真似をして酒と薬物を乱用するようなものです。

おそらく、彼はこう思っているのでしょう。

「酒と薬物で体をボロボロにすれば、俺も無頼派の天才作家になれるかもしれない」

しかし、太宰治や坂口安吾が天才作家になれたのは、酒と薬物で体をボロボロにしたからではありません。確かに太宰治にせよ坂口安吾にせよ、その天才作家としての業績と、生活態度が無頼であったことには密接な関係があるでしょう。もしも彼らが、その生活態度において品行方正であったなら、少なくとも私たちが知っている日本文学史上の太宰治も坂口安吾も存在していないでしょう。その場合、津島修治も坂口炳五も、私たちが知っている太宰治や坂口安吾とは全く別人の生涯を送っていたはずです。なぜならば、品行方正な太宰治や坂口安吾について考えるのは、「限定的な、個人の歴史のｉｆ」ないし「限定的な、日本文学史のｉｆ」だからです。

太宰治にせよ坂口安吾にせよ、天才作家として成功するために無頼な生活を送ったのではなく、それは彼らにとって宿命づけられた生き方として、そうする他なかったから、そうしただけなのです。

ありふれた表現になりますが、彼らは「身を削りながら創作していた」のです。いや、むしろ「身を削ることによって創作していた」と言うべきでしょう。そして、その身を削り終えた時、彼らは死ぬしかなかったのです。

太宰治も坂口安吾も、心身をボロボロにしてしまった時には、すでに天才作家としての業績を成し遂げていたのです。あるいは、心身を少しずつボロボロにしながら、天才作家としての業績を積み上げたのです。

無頼派の天才作家に憧れた文学青年のやっていることは、まず心身をボロボロにしてこそ、太宰治や坂口安吾のような天才作家になれるはずだと思い込んでいるから、本末転倒なのです。

酒や薬物は、たとえ少量摂取であっても脳神経細胞を確実に破壊します。特に、最も高次な脳機能を司る大脳新皮質の神経細胞は、赤ん坊として生まれた後は、ほとんど全く再生しません。死んだら死にっぱなしなのです。無頼派の天才作家になりたいがために酒や薬物を乱用する人は、天才作家になる前にまず馬鹿になりたいと言っているようなものです。まず馬鹿になってしまって、どうやって天才作家になれるのですか？

絶対音感を子供たちに無理矢理に覚え込ませるのも、それと同じで本末転倒なのです。もっとも、酒や薬物の乱用と違って、絶対音感を獲得しても心身の健康を損なうわけではないのだから、なにも問題ないのでは？と思われるかもしれません。しかし、必ずしもそうとは言えないのです。

というのも、これは後で進化論について解説するところ（2章）で詳しく話しますが、ダーウィニズム進化論によると、現時点での私たちは悠久な進化の結果として、今こうある形質ならびに能力を、必要性があって先天的に、すなわち合目的的に獲得しているのだからです。言い換えれば、私たちはそれぞれの能力を適者生存の原則にしたがって、この世界で今、生きていくのに必要だから先天的な可能性として獲得しているのです。ところが絶対音感は、今この世界で健常に生きていくのに、全く必要のない能力（知識）です。それはプロの音楽家にとってすら、才能を発揮するのに十分な条件でないのはもちろんのこと、必要条件ですらないのです。

そのような、現代社会に適応しながら普通に生きていくのにも、芸術家として優れた能力を発揮するのにも必要ではない特異な能力（知識）を、まだ自我の確立していない幼い子供に無理矢理に覚え込ませる——幼少期から音楽漬けの生活を送ってきたことによって、自然と身についたのではなく——のは、人間が喜ぶ芸をサーカスの猛獣に無理矢理に仕込むのと同じであり、むしろ危険ではないでしょうか？　というのも、それは進化の結果として今、こうある私たちの自然な在り方からズレた、脳機能の歪んだ発育法（調教法）だからです。

私たちの脳神経回路の基本フォーマットは、遺伝子レベルで規定されている先天的な素因と、幼少期に過ごした環境ならびにその中での体験、すなわち後天的な要因によってほぼ決定され、一度決定したフォーマットは一生変わることがありません。たとえば、言語脳の神経回路ネットワークの基本フォーマットが決定される臨界期は、だいたい五歳～十二歳くらいまでとされています。そのような大切な時期に、進化の結果として今、こうある私たちの本然とズレた特異な能力を無理矢理に覚え込まされ（調教され）た子供の脳には、一生涯にわたって矯正することのできない歪みがインプリントされてしまう危険性があるのではないでしょうか？

同じことは絶対音感トレーニングに限らず、あらゆる特異な能力の獲得を目的とした幼児早期教育について言えますが、これ以上の実例を挙げての解説は不要だと思うので省略します。

人間は理性を極端に発達させたために、物事を考え過ぎてしまうきらいがあるようです。そのため、進化の結果として今、こう在る自然の合目的的な整合性からズレた（歪んだ）選択をして、かえって自らを不幸にしてしまうことがあるのではないでしょうか？　行き過ぎた幼児早期教育など、まさにその典型だと思うのですが……。

幼児早期教育が全て駄目だとは思いませんが、中には人生の無駄遣いをしているだけの無意味な——それどころか弊害のある——ものも少なからずあると思いますので、その点は注意すべきだと思うのです。

2章——道徳の科学

1　国家をなくせば戦争もなくなる？

このエッセイはタイトルにもありますように、「なぜ人を殺してはいけないのか？」という、少なくとも私の知る限り、これまで誰も合理的かつ明確に答えられなかった問題に、合理的かつ明確な答えを出そうというところから始まったのでした。

そして、殺人のみならず「悪事」とされる様々な言動がどうして悪なのか？あるいは「善行」とされる言動がどうして善なのか？という、道徳哲学の根本的な問いに対する答えとして私が提唱したのが、「真の利己主義という理念ならびに偽の利己主義という概念」だったのです。

すなわち、「善とは、私にとって真の利益となること＝他者にとっても真の利益となること」であり、「悪とは、他者にとって真の不利益となること＝私にとっても真の不利益となること」なのでした。

善／悪のこの定義が正しいならば、「なぜ人を殺してはいけないのか？」の答えは、「人を殺すという行為そのものが自分自身にとって、殺される人間の不幸以上の不幸だからだ」ということになります。

この、「真の利己主義という理念ならびに偽の利己主義という概念」は、私たちにとっての善／悪を規定する真理だと私は確信していますし、読者の皆さんにも、それが真理であることは合理的に追体験（共感）していただけたはずです。

ただし、現実の人間関係は複雑に錯綜しており、「真の利己主義という理念ならびに偽の利己主義という概念」を、それぞれの具体的場面に単純に当てはめて、「なに（どうすること）が善であり、なに（どうすること）が悪であるか」を見定めるのは、とても難しい、というか、その見定めができない場合が少なからずあるのでした。

その、極端に分かりやすい例として挙げられたのが、「戦場での殺し合い」です。

殺人は悪だというのは普遍的真実です。しかし、戦場で敵兵と相まみえた場合は、敢えてその悪事を為す覚悟を持たなければ、かえって無責任ないし（悪い意味での）自己中心主義になってしまうのです。

もちろん、だからと言って、戦場では敵兵を情け容赦なく殺すことこそが善だ、というわけでは全くありません。戦場で敵兵を殺すことも、やはり悪なのです。ただ、現実問題として、それが悪であると知りながらも、敢えてその選択をしなければならない場合がある、ということです。

私のこの主張に対しては、「そもそも戦争を起こさなければ良いのだ」という反論が当然、予想されます。しかし、現実問題として戦争をなくすことはできていないのだし、どうすればそれができるのかも、誰にも分かっていないのですから、「そもそも戦争を起こさなければ良いのだ」という主張は、現実を直視していない無責任な頭の中お花畑論法、ないし論点のすり替えなのでした。


というわけで、話をここまで戻したいと思います。

さて、殺人は悪だということ、すなわち殺人は自分自身こそを不幸のどん底に叩き落とす、偽の利己主義に囚われた悪行だと理解しながらも、戦場ではその悪行を敢えて為さねばならないという私の主張に対しては、自称平和主義者からの、もう一つ次のような反論、というか意見が予想されます。

「国家をなくせば戦争はなくなる」

確かに、戦争が「国家間の闘争」と定義される以上、この地球上から国家がなくなれば、戦争もその定義上なくなります。しかし私は、「国家をなくせば戦争もなくなる」ないし「戦争をなくすために国家をなくすべきだ」という単純なイデオロギーには、二つの理由で反対です。

2　必要悪としての国家

そもそも自称平和主義者たちは、なぜ戦争をなくすべきだと思っているのでしょうか？　それは、戦争が大量殺戮だからではないのですか？

確かに、大量殺戮は筆舌に尽くしがたい不幸であり、極悪事態です。しかし戦争さえなくなれば、すなわち国家をなくせば大量殺戮もなくなるのでしょうか？　私は、なくならないと思います。否むしろ、八十億もの人間がひしめくこの地球上から、国家というまとまり（人倫の単位）が消滅したら、大量殺戮の犠牲者数はトータルで、今までより確実に増えるはずです。

なぜならば、人による人の大量殺戮は、国家間の闘争としての戦争のみによって起こるのではないからです。確かに、これまでの人類の歴史を振り返ると、戦争によって、ないし戦争との関連で大量殺戮は起きています。しかし、国家間の闘争としての戦争によらない大量殺戮もあるのです。具体例としては、ナチス・ドイツによるホロコースト、旧ソ連のスターリンによる大粛清、韓国の補導連盟事件、中華人民共和国の文化大革命、カンボジアのポル・ポト政権による大量殺戮、ユーゴスラビア紛争におけるエスニック・クレンジング、ダルフール紛争、イスラム過激派によるテロリズム、中国共産党によるウイグル人弾圧……等々、枚挙にいとまがありません。それらはいずれも国家間の闘争としての戦争ではありませんが、戦争と同等の、いやむしろ戦争以上に悲惨な大量殺戮です。

この場合、被害者の数の多少で、どちらの殺戮がより悲惨かを単純に言うことはできません。強制収容所で過酷な生活を強いられた挙句、餓死したり、拷問死したり、銃殺されたり、ガス室に送られたり、あるいは生きながらサバイバルナイフで斬首されたり、火炙りされたりするのと、兵士として戦場での通常戦闘で戦死するのとでは、その死の意味が全く異なるからです。少なくとも私は、私自身ないし私の愛する人の死に方として、前者より後者の方がまだマシだと思います。

国家間の闘争と定義される戦争はなくなっても、歴史的に醸成された民族間の憎しみや、利害の対立する勢力間の闘争によるジェノサイドはなくならないのです。いやむしろ、国家権力による法的な統制がなくなる分、エスニック・クレンジングも権力者による無軌道な血の粛清も、これまで以上に容易に起こってしまうはずです。

国家とは、一つの法体系によって統制された集団です。しかるに国家がなくなるとは、集団を内的に統制する法がなくなるということですから、そのような無政府（無法）社会では、利害の対立する、あるいは宿根を抱き合う個人ないし勢力同士の、血で血を洗う闘争に歯止めが利かなくなってしまうのです。

民族ごとのまとまりである国家があることによって、必然的にナショナリズム感情が発生し、ナショナリズム同士のぶつかり合いによって、戦争という悲劇が起こる可能性があるというのは、そのとおりだと思います。しかし国家をなくすと、大量殺戮の犠牲者の数は、トータルでむしろ増えてしまう可能性が高いのです。

国家とはイコール法治国家ということです。そして、いかなる非民主主義独裁国家であっても法治国家である以上、殺人はひとまず悪とされ、殺人者は刑法で厳しく処罰されるはずです。しかし国家がなくなると、社会は無法状態になってしまうのです。

もちろん、非民主主義国家の人権蹂躙や貧困・飢餓は、解決されなければならない重大問題です。しかし、国家がなくなりさえすれば、それらの問題が解決されるというわけでもないのです。なぜならば、独裁権力による一方的な人権蹂躙はなくなっても、別の形の人権蹂躙が無政府状態では絶対になくならない、いやむしろ増えるはずだからです。貧困や飢餓も、（まともな）国家がなくなれば、かえって悪化すると思います。

この意味で私は、国家とは「必要悪」なのだと思っています。

どのような政治体制であろうと国家は必ず悪を内包するし、かといって国家をなくせば悪の総量は増してしまう――このことが意味しているのは、いわゆるユートピア（全ての人が幸福に暮らせる完全無欠な理想郷）などあり得ないし、あってはならないということです。ユートピアとは、人間社会に完全無欠な事態を普遍させたいという、善意の完全主義者ないし完璧主義者による、愚かな夢想なのです。なぜ「愚か」かというと、たとえそれが善意によるものであれ、完全主義ないし完璧主義は、必ず間違いだからです。なぜ「間違い」かというと、完全主義ないし完璧主義は、自分自身（世の中）をかえって不幸にするからです。

同じことは、国家や社会といったマクロな集団レベルのみならず、よりミクロな個人レベルについても言えます。

集団社会環境としてのユートピアに照応する個人の実存様態はなにかと言えば、真の利己主義という理念ならびに偽の利己主義という概念に照らして考えれば、完全無欠な聖人君子ということになりましょう。しかし、私たちは聖人君子になどなれないし、なりたいと思い、努力するのは正しいことですが、ならなければならないという完全主義に囚われるのは、間違い（不正）なのです。すなわち私たちは、自らが必ず悪の要素ないし契機を内包せざるを得ない、不完全な実存であることを、受け入れるべきなのです。

ただしそれは、自らが内包する悪を、開き直って肯定するということではありません。必要悪とはいえ、やはり悪なのですから、肯定するなどもっての外です。

必要悪は肯定されるのではなく、私たちの本然を構成する不可避的な要素ないし契機なのだとして、常に自己批判的に直視し、改善の努力をしていかなければならない、人間の業《ごう》なのです。思うに必要悪と（いう人倫表象）は、知恵の実を食べた人間が宿命的に背負っていかなければならない、「原罪」の一つの表れなのでしょう。

3　民族国家――民族の共時的輪郭

そもそも国家とはなんでしょうか？　万人が納得する、国家の唯一にして明確な定義はないのかもしれませんが、国家を規定する最重要条件の一つに「民族」があることは間違いないでしょう。

これは、私がたまたま日本という、ほぼ単一民族国家に生まれたから、そう思うだけなのでしょうか？

確かに、日本のような民族的純度の高い国は比較的少数であり、世界にはアメリカや中国のような多民族で構成される国もあれば、一つの民族が国境線をまたいで複数の国の国民となっている例もあります。いやむしろ、それが普通なのであり、日本のように陸続きの国境線を持たない島国で、方言の違いはあれ同じ言語を共有する民族が、一つの近代国家を形成しているという例は、他にほとんど見られないのかもしれません。

しかしそれでも、国家を規定する最重要条件が民族であることには疑いの余地がありません。なぜならば、ほとんどのアメリカ人は自分の出自民族ないし人種を自覚しながらも、自分はあくまでもアメリカ人だという強い国家帰属意識を持っているはずだからです。すなわち、アメリカ国籍を有し、自分はアメリカ人だという明確な国家帰属意識を持っている三億三千万の集団は、現代アメリカ民族と言っていいのです。

では、民族はどう定義されるかというと——同じ国家に帰属する、あるいは帰属したがる意識を共有する集団を民族単位と呼ぶのだとして、ひとまず良いのではないかというのが私の考えです。

もちろん、これは結果論としての定義です。現在と同じ民族構成ならびに領土を持つ国家が、昔からずっと在ったわけではないのですし、それはこれまでも、今現在も、そしてこれからも、質的ならびに量的に流動変化していくものだからです。

百万年前にはアメリカ民族はもちろん、日本民族も、ユダヤ民族も存在しませんでしたが、人類の祖先はすでに存在していました。すなわち、初めから今の民族が在ったわけではなく、諸民族は、悠久なる人類の歴史の暫定的結果として今の姿になっているのであり、これからもその姿は流動変化していくのです。その意味では、民族は不変の実体（本当に在るもの）ではないということになります。

それに、今現在進行形で存在する民族にしても、内包（その民族の定義）ならびに外延（どこからどこまでがその民族のメンバーなのか）の輪郭は不明瞭です。ある民族と地続きで接している近隣民族との境には、境界領域民族が必ずいるからです。境界領域民族の存在によって、民族の輪郭は不明瞭になっています。（ここで境界領域民族というのは、いわゆる少数民族のことではありません。少数民族は、その名のとおり個体数が比較的少数の、しかしながら民族としての個性をハッキリ主張している人たちです。すなわち、少数民族は多数民族と同様、その概念の中核がハッキリしています。対するに境界領域民族は、その概念中核が不明瞭、ないし分断されているのです。）

しかし、だからといって、民族は恣意的な想像の産物にすぎないと決めつけることはできません。なぜならば、それぞれの民族に、質的にも量的にも明瞭な輪郭がないのは、私たち一人一人に、個人としての明瞭な輪郭がないのと同じだからです。

私たちは普通、自分自身（の身体）を、自分以外の世界内諸事象（ないし諸事物）からハッキリ区別しています。つまり私たちには、「この自分（の身体）は、自分以外の諸事象（ないし諸事物）とは決定的に異なる、特別な（かけがえのない）存在だ」という、本能的な愛着心がありま す。この愛着心の自覚のことを自我と言うのですが、では私たちの自我には、質的にも量的にも明瞭な輪郭があるでしょうか？

私の自我は、私の身体と密接に繋がっています。というか、私の自我は私の身体と不可分一体です。いやそれどころか、私の自我とは私の身体のことだと言ってもいいくらいです。身体実感を伴わない自我など、あり得ないからです。

すなわち、私の自我に明瞭な輪郭があるかないかは、私の身体に明瞭な輪郭があるかないかで、ほとんど決まるわけです。では、私の身体は輪郭明瞭かといえば、これはもう単純に物質科学的な事実として、輪郭明瞭ではありません。人間の身体を組成する約四十兆個の細胞は、日々新陳代謝を繰り返しており、三ヶ月もすれば、私の身体を組成する全物質は外界物質と総入れ替えされてしまうからです。

具体例を挙げますと、今、この本を読んでいるあなたの唇を組成している物質（の一部）は、五年前には私の肛門を組成していた物質（の一部）だったかもしれないのです。品位のない喩えではありますが、今、あなたの身体を組成している物質が、これまでに生命体非生命体を問わず様々に形を変えてきたというのは、まぎれもない事実なのです。そして、今、あなたの肛門を組成している物質が、五年後には私の唇を組成する物質になっているかもしれないのです。

このように、私たち一人一人の身体を組成する物質は、常に外界と流動的に浸透し合っているのですから、その輪郭が明瞭であろうはずもありません。しかし、だからと言って、三ヶ月前の自分と今の自分が別人だと考える人は、普通いないでしょう。

あるいは、ちょっとした擦り傷や切り傷などによって、皮膚の細胞の一部が死んだからといって、その瞬間に自我の一部が失われたと思う人はいないはずです。

もしくは、ガンの治療で切除された胃や肺や片腕は再生しないのですから、自らの身体の一部が失われてしまったという喪失感は残るでしょうが、私が私であるという自我の同一性（アイデンティティー）は失われないはずです。

そもそも、ガン細胞は正常細胞が突然変異したものなのですから、異常化しているとはいえ、あくまでも私の細胞（私自身の一部）です。しかも、ガン病巣は私の身体の中で、ある意味、生命力が最も充溢《じゅういつ》している部分です。そのような、私の身体内で生命力が最も充溢している部分を外科手術で切除したり、化学療法や放射線治療で死滅させるのは、私の自我の一部を殺すことになるはずではないでしょうか？　なぜならば、治療を始める前の私は、自分がガン患者であることと、すなわち私の自我そのものである私の身体の一部がガンであることを知っていたのですから、少なくともその時点では、ガン患者であることこそが私の自我の、かけがえのない要素ないし契機だったはずだからです。

にもかかわらず、私はガンを治療したい（私の身体＝自我の一部を殺したい）とこいねがい、治療が成功した暁には、自分の自我の一部が失われてしまったと嘆くどころか、むしろ「これで私は、本来の（健康な）自分（自我）を取り戻すことができた」と喜ぶのです。

私はここで「ガンは治療すべきでない」と言っているのではありません。自らのアイデンティティーを安定した状態でなるべく長く存続させたい、すなわち身体的にも精神的にも、なるべく健康で長生きしたいと願うのが自我の本然である以上、放っておけば必ず死に至るガンのような重病はもちろんのこと、どんなに軽い病気や怪我であっても治したいと思うのは当然です。

私が言いたいのは、以上の例から明らかなように、私たちには質的にも量的にも明瞭な輪郭などないにもかかわらず、それでも私たちは、自らを他からハッキリ区別される、一つの自己として認識しているということです。

そして、私たちは他者のことも、その他の他者たちや私とハッキリ区別される、一人の独立した他者として認識しています。すなわち、私たち一人一人の自我に明瞭な輪郭がないからといって、私たち一人一人の独立した自我ないし人格とされているものが、恣意的な想像の産物にすぎない（錯覚である）ということにはならないのです。それと同じで、ある民族の内包と外延の輪郭が不明瞭だからといって、民族とは恣意的な想像の産物にすぎないということにはならないのです。

4　民族国家——民族の通時的輪郭

前節では、同時代における民族の空間的な輪郭（＝隣接民族との境界線）は不明瞭だが、それでも民族は確かに存在することが確認されました。同時代における民族の空間的な輪郭のことを「民族の共時的輪郭」と言います。対するに、ある民族の姿（空間的な輪郭）が歴史的に（時間の流れとともに）どう変遷していくかを「民族の通時的輪郭」と言います。民族の通時的輪郭についても、共時的輪郭と同じことが言えます。

今、存在している具体的民族は、大昔から今と同じ姿で存在していたわけではありませんし、今、存在している民族も、やがてはその輪郭ならびに中核（中心概念）を完全に失い、あるいは、今はまだ存在していない新しい民族が、その輪郭を露わにしてくるということもあるでしょう。

それでも、具体的な民族が今、確かに存在しており、それら諸民族のどれ一つとして恣意的に消滅させることはできないし、消滅させるべきではないという事実（現実）こそが重要なのです。このことは、個人の歴史（人生）に喩えてみると分かりやすいと思います。

今、この本を読んでいるあなたは、自分には個人としての独立した人格＝自我があると自覚しているはずですが、それは、あなたが生まれた直後（赤ん坊の頃）には、なかったはずですよね。しかし、だからといって、「私は赤ん坊の頃には自我がなかったのだから、今の私にも自我はない」とは思わないはずです。

そして、あなたはいずれ死ぬのですから、霊魂不滅を信じるのでない限り、死とともにあなたの自我は消滅します。あるいは死ぬ前に痴呆症になり、自分が誰だか分からなくなってしまう（生きながらにして自我が消滅してしまう）ということもあるでしょうが、いずれにせよ、今在るあなたの自我は、いずれ消滅する運命なのです。しかし、だからといって、「私の自我はいずれ消滅してしまうのだから、今在ると思われている私の自我も幻にすぎない」とは思わないでしょう。

このように、私が生まれる前には私の自我はなかったし、私が死んだ後も私の自我はなくなるのです――しかのみならず、幼少期に自我が芽生えてから、老年期に痴呆症になって自我が消滅してしまうまでの百年足らずの人生を通しても、私の自我は確固不動の輪郭を保持し続けているわけではありません——が、それでも、今を生きている私にとって重要なのは、私の人格（自我）が確かに存在しているということなのです。当たり前ですけどね。それと全く同じことが、今、存在している諸民族についても言えるのです。すなわち、いずれの民族も恒常不変の実体ではあり得ないわけですが、大切なのは、今、その民族が存在しているという現実なのです。
以上のように、共時的にも通時的にも民族の輪郭は不明瞭なわけですが、それでも、今、存在している諸民族——民族とは民族意識のある集団のことです。ちなみに民族意識のない集団とは、自我意識のない人間のようなものです——には具体的アイデンティティーが在ると言っていいのです。ですから、同じ国家に所属している、ないし所属したがっている集団が、今、現実に存在しているならば、民族が先か国家が先か——ある集団に同一民族意識が生まれ、民族運動によって国家が作られたのか、それとも、支配者によって一定領土が国家として封じられたことで、そこに住んでいる人々が一つの民族として統合されたのか——に関係なく、そこには国家（的）民族があると言っていいのです。

5　ダーウィニズム進化論

前置きが長くなってしまいましたが、国家をなくすと——あるいは国家の数を少なくするだけでも——人類は文化的に衰退するはずだというのは、それがダーウィニズム進化論から必然的に導き出される結論（人倫の科学的摂理）だからです。

そこでまず、ダーウィニズム進化論について簡単に解説します。

ダーウィニズム進化論では、生物進化は以下のようなメカニズムで起きると考えられています。

地球上に存在することが確認されている、多種多様な生命体（とされているものども）の細胞核の中には、必ず遺伝子があります。遺伝子は細胞分裂する際に自らをコピーします。ほとんどの場合、遺伝子のコピーは正確に行われますが、たまにミスコピーが起こります。これは、どんなに健康な生命体の体の中でも、ランダムかつ無目的に必ず起こるのです。このミスコピーを遺伝子の突然変異と言います。遺伝子の突然変異によって、生命体の外的形質ないし内的性質が突然変異することになります。

ダーウィニズム進化論で問題になるのは、親から子へ遺伝子が伝わる際の突然変異＝生殖細胞の遺伝子の突然変異です。進化とは、種全体の外的形質ないし内的性質が、何世代もかけて少しずつ変化していく――すなわち時間の進行に伴って化けていく――ことだからです。

さて、遺伝子の突然変異はランダムかつ無目的に起こるのですから、それはなんらかの目的を意図した恣意的な突然変異ではありません。そのため突然変異のほとんどは、生命体（の生存競争）にとってなんの利益にもならない、ただの変化です。むしろ、先天的障害や遺伝子疾患やガンのような、生存競争に明らかに不利益な突然変異もあります。そのような突然変異をした個体は、突然変異していない個体に比べて環境適応度が低いですから、生存競争の厳しい自然界では、生殖年齢まで生き延びて自らの遺伝子を子孫に遺す可能性が低くなります。すなわち、そのような環境不適応な遺伝子は、たまたま発生しても、すぐに消滅してしまう可能性が高いのです。

しかし中には、突然変異していない個体の外的形質ないし内的性質よりも、環境により適応した（＝生存競争に有利な）外的形質ないし内的性質を発現させる突然変異も——あくまでも偶然の産物として——あります。そのような突然変異をした個体は、突然変異していない個体に比べて環境に対する適応度が高いですから、生存競争を勝ち抜いて生殖年齢に達し、自らの遺伝子を効率よく子孫に遺せる可能性が高くなります。畢竟《ひっきょう》するに、そのような環境適応した遺伝子（を持つ個体群）は、どんどん増えていくのです。

このように、自然環境に不適応な遺伝子（を持つ個体）がすぐに滅びてしまう一方で、自然環境に適応した遺伝子（を持つ個体）がどんどん増えていくことを、自然淘汰（自然選択）と言います。

生命体を取り巻く自然環境（生態系）は常に変化し続けていますし、生殖細胞の遺伝子は常に一定の確率で、ランダムかつ無目的に突然変異を起こします。すなわち生命体は、生存競争の厳しい変化し続ける自然環境の中で、適者生存原則に従って常に淘汰（選択）され続けているのです。

生殖細胞の遺伝子に起こった突然変異が、このようにして何世代にもわたって自然淘汰（自然選択）され続けることで、種全体の形質が少しずつ変わっていく、というのがダーウィニズム進化論です。

ここで注意すべきは、どのような突然変異が子孫を残すのに適応的すなわち優秀で、どのような突然変異が不適応すなわち劣等かは、絶対的（普遍的）に価値判断されるのではないということです。それはあくまでも、その時の環境条件にたまたま適応しているか否かで判断される、相対的（特殊的）な価値なのです。環境が大きく変われば、今現在、不適応（劣等）な遺伝形質が適応的（優秀）となることもありますし、今現在、適応的（優秀）な遺伝形質が不適応（劣等）となることもあります。

6　生き延びるための突然変異

では、なぜ遺伝子は突然変異するのでしょうか？

というのも、先天的障害や遺伝子疾患やガンのような、細胞分裂する際の遺伝子のミスコピーを原因として生命体にもたらされる不利益を考えれば、そんなもの、ないに越したことがないように思えるからです。

確かに、遺伝子のミスコピーが全く起きなければ、先天的障害や遺伝子疾患やガンといった不利益を生命体が被ることはなくなります。しかしその場合、遥かに大きな不利益が生態系全体を襲うことになるのです。それは生命体種族の絶滅です。

というのも、生命体はこれまで、その遺伝子を変化（進化）させ続けることで、生存競争に打ち勝ったものが適者生存してきた——あるいは、常に変化し続ける自然環境に適応したものが生き残ってきた——のであり、これからも遺伝子を変化（進化）させ続けることで、生き延びていくことができるのだからです。

つまり、生命体が進化するのは、子々孫々にわたって地球上で生命現象が繁栄するためなのです。そして、進化は遺伝子レベルで起こるのですから、細胞分裂する際の遺伝子のミスコピーは、生命体が進化するために、そして進化し続けることによって生命現象が繁栄し続けるために、絶対に必要なことなのです。

もしも、遺伝子が突然変異しない（進化しない）としたら、この地球上には未だに、最も原始的な生命体しか存在していないはずです。あるいは、多種多様に進化した姿で今現在、地球上に存在する全ての生命体が、もうこれ以上進化（変化）しないとしたら、ほとんど全ての生命体種族は環境の変化に適応できなくなって絶滅し、最も原始的な生命体のみが生き延びることになるはずです。

そう考えると、遺伝子のミスコピーによってもたらされる先天的障害や遺伝子疾患、あるいは発ガンといった、個体レベルでは明らかに不利益な現象も、生命現象全体の繁栄という目的論的観点からすれば、「必要悪」と言えるのかもしれません。

もっとも、「生命体は必ず遺伝子を持っている」というのは、この地球上でこれまでに確認されている生命体（とされるものども）が、必ず遺伝子を持っていることから帰納的に推理された仮説であって、この宇宙に普遍する絶対的真理だと確認されているわけではありません。宇宙のどこかには、遺伝子を持たない生命体がいるのかもしれません。

ただし、遺伝子を持たないとは、少なくとも地球上の生物に見られるような進化はしないということです。そのような生命体が果たして可能なのか？という問いには、ほとんどの生物学者が「Ｎｏ」と答えるはずです。

なぜならば、地球上で確認されている生命体のほとんどは、遺伝子が突然変異することで進化してきたのであり、常に変化する環境に適者生存した（生き延びた）ものだけが、命（遺伝子）を子孫に伝えることができる——すなわち進化することによって、地球生態系の生命現象は三十八億年間、途絶えることなく連綿と続いてきたというのが、現代生物学の定説だからです。

ただし繰り返しますが、あくまでもそれは、地球上でこれまでに確認されている生命体についてのみ言える仮説です。宇宙には——あるいは地球にも？——我々には想像もつかない形で生命現象を営んでいる、未知の生命体がいるのかもしれません。

7　マスコミの科学報道が嘘ばかりになってしまう、二つの理由

ここで問題提起されているのは、「そもそも生命体ないし生命とはなにか？」です。すなわち生命体ないし生命の定義です。

実は、生物学者は未だに生命体ないし生命を定義できていません。この地球上でこれまでに確

認されている生命体（とされるものども）の共通属性を抽象することで生命の定義にしようとしても、その属性を有しない例外生命体が必ず発見されたり、同じ属性が明らかな非生命体現象の中に見られたりするからです。

二〇〇三年四月に完了したヒトゲノム計画について、かつてマスコミは次のようなデタラメな報道をしていました。

「ヒトゲノム（人間の持つ全ての遺伝子）の完全解読によって、生命の設計図が解明される」

この報道のなにがデタラメかというと、もしも本当に生命の設計図が解明されたのなら、それは生命が定義されたということのはずですが、生物学者は未だに生命を定義できていないからです。

あるいは、生命の設計図が解明されたのであれば、非生命体物質のみを素材にして、その設計図に従って生命体を創ることができるはずですが、生物学者は未だに実験室内で、たった一個の単細胞生物すら創ることができていないのだし、どうすればそれができるのかについても、全く見当すらついていないのです。

もしくは、死んだ直後の人間に対して、少なくともその全身を組成する四十兆個の細胞が腐る前であれば、しかるべき処置を施すことで蘇生させられるはずです。いや、そもそも死人を蘇らせるまでもなく、私たちの身体を組成する全ての細胞を不老不死にできる——私たちが不老不死になる方法が分かるはずです。

しかし、ヒトゲノムが完全解読されて、もう二十年経ちますが、そのような夢の医療技術が開発された、ないし開発されそうだという話は、どこからも聞こえてきません。

それもそのはず、ヒトゲノムの完全解読とは、生命ないし生命体の設計図が解明されるということではなく、人間についての「外観記述」が、遺伝子レベルで為されるというにすぎないからです。人間についての外観記述とは、たとえば「頭が一つあって腕が二本あって、胴体が一つあって脚が二本あって、男と女がいて平均的体格はどれくらいで、内臓の構造ならびに機能はこれこれで……」といった観察説明文のことです。そのような、人間についての外観記述がミクロな遺伝子レベルで為されたからといって、人間という生命現象の設計図が解明されるわけでないのは当然でしょう。

もっとも、これは生物学者が悪いのではありません。少なくともマトモな生物学者は、「ヒトゲノムの完全解読によって、生命の設計図が解明される」なんて馬鹿なことは、初めから全く言っていないからです。

悪い（嘘をついていた）のはマスコミです。

（自称）超一流のある科学者が、次のように言っているのを聞いたことがあります。

「我々超一流の科学者は、現代科学トピックについてのマスコミ報道には一切耳を傾けない。なぜならば、そこで言われていることは全て嘘だと知っているからだ」

現代科学トピックについてのマスコミ報道が嘘ばかりになっているのには、大きく分けて二つの理由があります。

一つ目の理由としまして、これは科学の専門家でなくても、想像力を働かせれば誰でもすぐに分かるはずなのですが――現代最先端の科学者による最新の研究成果が、専門家ではない一般大衆に理解できるものであるはずがありません。それは高度に教育され、訓練を受けた専門科学者のみが、その意味ならびに価値を正しく理解できる内容のはずです。しかし、それでもマスコミは現代科学トピックを報道しなければなりません。なぜならば、大衆を科学的に啓蒙すること、ならびに現代科学技術が反倫理的な暴走をしないように、大衆とともに常に監視するのが、民主主義社会におけるマスコミの責務だからです。

すると、どうなるかと言えば、当然の帰結として、現代科学トピックについてのマスコミの報道内容は、非常に不正確なものとならざるを得ません。本当は専門の科学者にしか理解できないはずの内容を、一般大衆でも理解できる（理解したつもりになれる）ように、無理矢理に翻訳報道しているからです。

これが、マスコミの科学トピック報道が嘘ばかりになってしまう、第一の理由です。もっともこれは、マスコミの科学報道内容は、必然的に不正確にならざるを得ないということですから、「嘘」というのは語弊があるかもしれません。

では、もう一つの理由はどうでしょうか。

資本主義社会では、報道マスコミもまた金儲け産業です。「新聞は社会の木鐸《ぼくたく》」という言葉があります（ありました）が、それが全くの嘘っぱちであることは、皆さんご存じのとおりです。報道マスコミは、あくまでも金儲けのために仕事をしているのです。

では、報道マスコミはどうやって金儲けをするのかと言えば、新聞なら購読者数を増やすことで、テレビなら視聴率を上げることによってです。では、購読者数を増やし、視聴率を上げるにはどうすれば良いかといえば、センセーショナルな報道をすれば良いのです。大衆はセンセーショナルな、すなわち刺激的な情報を常に求めているからです。

マスコミによるセンセーショナルな報道の仕方にも、多種多様なジャンルごとに様々ありますが、科学トピックを報道する際のやり方としては、対照的な二つの方向性があります。

それは、これまで悲観的に捉えられていた事態に楽観的な要素が見えてきた場合と、これまで楽観的に捉えられてきた事態に悲観的な要素が見えてきた場合です。どちらの場合もマスコミは、センセーショナリズムの原則に則って事態を大袈裟に報道します。すなわち、前者では楽観論を大袈裟に報道し、後者では悲観論を大袈裟に報道するのです。それは、いずれも大袈裟な報道ですから、当然「嘘」ということになります。

これが、マスコミの科学トピック報道が嘘ばかりになってしまう、第二の理由です。こちらは第一の理由に比べて、よりハッキリと故意に嘘をついていると言えるでしょう。

もっとも、こちらの理由に対しても、「それはマスコミだけが悪いのではなく、マスコミを金儲け第一主義に走らせている資本主義体制こそが悪いのだ！」という意見があるでしょうし、私もそれはそのとおりだと思います。しかし、だからと言って、資本主義に対するアンチテーゼであった社会主義ないし共産主義体制なら、ジャーナリズムは中立・公正な報道を実現できるのかと言えば、科学的社会主義を標榜するマルクス・レーニン主義者たちによる二十世紀の壮大な実験によって、それまた反証されているのです。

8　そう在らざるを得ないものとして、そう在る現実

話を元に戻します。

このように、私たちは未だに「生命」を定義できていないのですから、もしかしたら宇宙のどこかには、遺伝子を持たない生命体がいるのかもしれません。しかし、理論的な定義も観察もされていない仮想生命体（というか夢想生命体）について、あれこれ考えても仕方ありません（科学的に意味がありません）。私たちはあくまでも、この地球上での現実（だと私たちに信じられている現象）に即して、生命体（ないし生命現象）を考えるべきなのです。

それは、たとえて言うなら、今、この本を読んでいるあなたは、自分は覚醒しているのであり、眠っている（夢を見ている）のではないと確信しているはずですが、それは錯覚なのであり、本当は夢を見（させられ）ているのかもしれない、という可能性について頭を悩ましても――それは哲学的には意味のあることですが――（客観的実在論を前提とする）科学的には意味がないのと同じです。

民族ないし国家間の闘争と定義される戦争についても、同じことが言えます。私たちにその存在が確認されている生命現象が地球上での現実であるように、民族も国家も戦争も、仮想的事態や夢想内容ではなく、この地球上で確認されている現実だからです。

すなわち、地球生態系が、そう在らざるを得ないものとしてそう在るように、民族も国家も、そう在らざるを得ないものとしてそう在るのだという現実を認めるところから、私たちは始めなければならないのです。でないと、戦争（大量殺戮）という不幸をこの世からなくす道は、見えてこないはずだからです。それは、地球生態系の現実をまず認めた上で、地球生態系はどうしてそう在らざるを得ないものとしてそう在るのかを理解しなければ、地球生態系を保全ないし保護できるはずがないというのと同じです。

9　ミームと二重相続理論

二百万年前にアフリカで暮らしていた人類の祖先には、民族や人種という概念はありませんでした。それは当時の人々（原始人）にとってそうであったのみならず、現代の古人類学的見地からしても、人種とか民族という言葉を、当時の人々に使うことには意味がないのです。なぜならば、二百万年前にアフリカで暮らしていた私たちの祖先は単一種だったのであり、それから二百万年かけて人類は、ここまで多種多様な人種ならびに民族へと進化したのだからです。

それは、この地球上に最初に誕生した原始生命体は単一種だったのであり、それから三十八億年かけて、地球生態系はここまで豊かに進化したというのと同じです。というか、そもそも現代の人類が内包する多種多様な人種ならびに民族もまた、地球生態系を構成する不可欠な要素ないし契機なのです。

特に人間の場合、人種の違いは必ず民族＝文化の違いとして表れます。民族の違いとは、とりもなおさず文化の違いを意味するのであり、それぞれの人種が、その中で生物学的に進化した自然環境（気候・風土）に適合した民族文化が、必ず並行して進化しているからです。

ダーウィニズム進化論は本来、生物種の進化現象（進化過程のメカニズム）を説明する理論です。ところが、地球上に存在する生命体の中で人間にだけは、動植物界には存在しない「文化」を知的に発明（創造）する能力があります。すると、人間文化現象の変遷過程にもダーウィニズム進化論を適用できるのではないでしょうか？　事実、ネオ・ダーウィニズムないし進化の総合説と呼ばれる現代進化論では、「ミーム」や「二重相続理論」のように、人間文化現象の変遷過程をダーウィニズム進化論で説明する試みがされています。

ミーム（meme）とは、ギリシア語で「模倣」を意味するミメーメ（mimeme）と、英語で「遺伝子」を意味するジーン（gene）を掛け合わせた造語です。進化生物学者のリチャード・ドーキンスが一九七六年に、その著書『利己的な遺伝子』でこの概念を提唱して以来、生物学者・心理学者・社会学者・哲学者などを巻き込んだ活発な議論が展開されています。

ドーキンスはこの言葉に、ジーンすなわち生物学的遺伝子に対応する「文化的遺伝子」というです。そして、生命体が遺伝子レベルでダーウィニズム的に進化するように、人間文化現象もミームレベルでダーウィニズム的に進化するというのが、ドーキンスの考えです。ミームの具体例としては、メロディーやキャッチフレーズ、服の流行、橋の作り方などが挙げられています。

生物進化は、生殖細胞が分裂する際に、たまに起こる遺伝子のランダムなミスコピーの内、環境に不適応なもの（遺伝形質）はすぐに消滅するが、環境に適応するもの（遺伝形質）は高確率で増殖していく、という形で起こるのでした。

文化現象は、人（の意識）から人（の意識）へ情報が伝達されるという仕方で世間に広まり、流行や慣習になります。人から人への文化情報の伝達は模倣（mimeme）によって為されるのであり、そこで起きていることは、生殖細胞が分裂する際の遺伝子のコピー（自己複製）と比喩的に同じではないか、とドーキンスは考えたのです。

すなわち、生殖細胞が分裂する際に遺伝子のミスコピーが起こるように、文化情報が人から人へ伝達される際にも、ミームの模倣ミスが必ず起こります（ミームの模倣ミスが、なぜ、どのように起こるかは、伝言ゲームをイメージすれば分かりやすいでしょう）。そして、遺伝子のミスコピーによって生まれた子供たちの内、たまたまその時の自然環境に適応した形質を先天的に備えた個体が適者生存して、子孫を増やしていくことで新しい種が誕生するように、ミームの模倣ミスによって人の意識に新たに発生した情報の内、たまたまその時代の社会環境に適応した（適者生存した）ものが、多くの人々の意識に浸透することで、流行や新しい慣習になるのです。

ちなみに、生命体——特に高等動物——の世代交代の速度に比べて、人から人への情報伝達はあっという間ですし、文化情報の伝達ミスは遺伝子のミスコピーより頻度が高いはずですから、文化的進化は生物学的進化より遥かに速いペースで起きることになります。ただし、人間文化現象の全てが、「流行り廃《すた》り」という言葉で表現されるように、常に大きく変化しているわけではありません。時代や社会環境が変わっても、変わらないことを旨とする「伝統文化」というものがあるからです。

それはおそらく、人類の長い歴史の中で、「伝統は守るべきだ」というミーム（思想・価値観）が進化したからだとされています。ですから、これから人類の意識がなおいっそう進化することで、「伝統は守るべきだ」というミームが消滅する可能性も、ないとは言えないのです。ただし私の直感では、「伝統は守るべきだ」というミームが人間の意識から消滅する時、それは人類の衰亡ないし人間理性崩壊の始まりを意味するはずです。

もっとも、守られるべきとされている伝統も、全く進化（変化）しないわけではありません。伝統文化といえども万古不易《ばんこふえき》ではあり得ないのです。それは、人間が自覚的（恣意的）に変えようとして変わるのではなく、時代の推移ならびに環境の変化に伴い、無自覚的かつ必然的に少しずつ変わらざるを得ないのです。たとえば、伝統文化の一つである民族言語を例に挙げますと、五百年前の日本語と現代の日本語では、その様相はかなり異なるはずですが、それは意図的に変えられたというより、自然と少しずつ変わってきたものです。ですから、「伝統は守るべきだ」というミーム（命題）は、「伝統は無闇やたらと変えるべきではない」と表現し直した方が、客観的事実としては、より正確かもしれません。

二重相続理論というのは、人間の生物学的進化と文化・文明の進化が、相互作用し合いながら共進化していくという考えです。進化の具体的プロセスは、以下のようになります。
類人猿から進化した人類は、自分たちの生物学的本然に適合した文化・文明を創造しました。文化・文明とは、人間がその中で生きている（生かされている）社会環境のことです。社会環境も自然環境と同様、人間にとって重要な進化要因です。すなわち、その時代の文化・文明＝社会環境に適者生存する人類が新たに進化することになります。すると今度は、進化した人類の生物学的本然に適合した文化・文明が新たに創造されることになります。すなわち、人間を取り巻く社会環境がいっそう進化するのです。すると今度は、そうやって進化した新しい社会環境に適者生存する人類が、また新たに進化することになり……という具合に、人間の生物学的進化と文化・文明の進化が、相互に進化要因となりながら、ともに進化していくというのが二重相続理論です。

10　文化的進化の結果としての躾

この本の最初のところで、「小さな子供を躾ける際には、なぜ○○はしても良いが、××はしてはいけないのか、を理屈で説明する必要などないのであり、子供は動物を調教するように、問答無用で躾けられるべきだ」と言いました。動物の調教、特にサーカスの猛獣の調教は、進化の結果として野生動物が必当然的にそう在る本然から、大きく逸脱した行為（生活習慣）を彼らに強制するものです。それは動物の心身に多大なストレスを与え、健康を蝕む可能性があります。

すると、小さな子供を問答無用で躾ける際にも、同じ危険性があるのではないでしょうか？というのも、「問答無用で躾ける」とは、これこれこういう理由でそれは正しい（or正しくない）、という合理的な説明なしに躾けるということですから、もしかしたら、子供の心身の健康的な発育に悪影響を与えかねない歪んだ躾が、無自覚的に行われているかもしれないからです。

しかし、その心配はひとまず無用なのです。なぜならば子供の躾は、それぞれの親（ないし保護者にあたる人）が、個人的な思いつきや気まぐれで自由勝手に行うものではなく、社会的に共通了解された常識（慣習）に従って為されるものだからです。すなわち、躾は「文化」なのです。そして、人間の文化的進化と生物学的進化は相即不離の関係にある（二重相続理論）のですから、進化の結果として今、そう在る慣習的な「躾」と、進化の結果として今、そう在る人間の（心身の）生物学的な本然との間には、蓋然的に言って齟齬はないはずなのです。

もちろん、あくまでもそれは「蓋然的には」です。中には、進化の結果として今、そう在る人間の生物学的（身体的ならびに精神的）本然と齟齬をきたしている、間違った「躾」もあるでしょう。それは、かつては正しい躾だったのかもしれませんが、今ではそぐわない躾になっているということですから、訂正すれば良いのです。そして、今は正しい躾であっても、やがて人類が生物学的ならびに文化的によりいっそう進化することによって、間違った（そぐわない）ものになる可能性はあります。そしたらまた、その躾は訂正すれば良いのです。生物学的にも文化的にも、常に変化し続けることこそが進化の正義（正しい在り方）なのですから。

ですから、あくまでも伝統的な社会常識に従って子供を問答無用で躾ける限り、子供の心身の健康な発育が損なわれる危険性は、ひとまずないと考えて良いのです。私たち大人は、ただ常識に従って子供を問答無用で躾ければ良いのです。躾ける大人にとっても躾けられる子供にとっても、そこで理屈を弄する（納得できる根拠を提示する）必要はありません。否、むしろ余計な理屈は考えない方が良いのです。

確かに、社会常識として慣習化している「躾」は、あくまでも蓋然的に正しいのであり、完全無欠（完璧）に正しいわけではありません。しかし、だからといって完全無欠に正しい躾を目論んで理屈を弄すると、かえって大失敗（負の効果）をもたらしかねないのです。理論理性によって正しいと判断される、しかしながら常識に反する、ないし常識を逸脱する躾は、大成功（正の効果）を収める可能性もありますが、大失敗（負の効果）をもたらす危険性も孕んでいるので、注意が必要です。

そもそも、子供の躾や教育において、一攫千金的な大成功を目論んで革新的（奇抜）なことを敢えてする必要は全くないのです。これは、幼児早期教育の弊害について述べたこととも繋がるのですが、心身ともに成長期にある子供の躾や教育においては、完全無欠は求めない（不完全である を良しとする）方が、むしろ良い効果をもたらす場合が多いのです。それは、子供の頃に泥んこ遊びをするなど、適度に不衛生な（衛生的に不完全な）環境で育った方が、極端に清潔な（衛生的に完全無欠な）環境で育てられるより、免疫力が鍛えられて丈夫な大人に育つというのと同じです。

11 人間による自然破壊も自然現象である

さて、「ミーム」にせよ「二重相続理論」にせよ、生物学的進化と文化的進化を分けて考えていますが、そこに私は疑問を感じます。というのも、人間文化現象は生物である人間の自然な営み、ならびにその結果だからです。生物学的現象と文化的現象を私たちは分けて考えがちですが、それは「人間もまた自然である」ことを、愚かにも忘れ去っているのではないでしょうか？

というのも、冷静に考えれば当たり前の話ですが、私たち人間だって、単一種の原始生命体から三十八億年かけて進化した結果、今、このような姿で在る自然生命体にすぎないからです。だとしたら、私たちが創り上げた文化も文明も、自然の産物だと考えるのが自然ではないでしょうか？それとも、地球上でこれまでに存在した生命体の中で人間だけが、その進化過程のある瞬間から、自然生命体ではない、なにか別のモノになったとでもいうのでしょうか？

もちろん、そんなことありませんよね。私たちは生命体の子孫として生命体であり続ける限り

――生命体の子孫が生命体でなくなるというのは概念矛盾です――、これまでも、今も、そしてこれからも、自然以外のなにものでもあり得ないのです。いや、そもそもこの世には、自然以外の物事（現象）など、なに一つとして在りはしないのです。

「自然」に対立する「人工」という言葉があります。しかし、私たちが人工物と呼ぶものも、自然界に元から在る物質を素材にして、人間という自然生命体が、恣意的な精神活動という自然現象を媒介項として、人間の身体という自然の道具を使って製作したものなのですから、それまた自然物以外のなにものでもありはしないのです。

あるいはここで、「文明による自然環境破壊という問題があるではないか。自然環境を破壊しているということは、やはり文明（人工）は自然と対立しているのだ」と言う人がいるかもしれません。

ここで言われている自然環境とは、人間以外の動植物、ならびに人間が直接関わる事象以外の自然現象のことですよね。しかし、それら自然環境を破壊しているように見える人間、ならびに人間が発明した文明もまた、自然の産物なのです。「自然が自然を破壊する」というのは、おかしくないですか？

もしも、人間の文明によって自然環境が破壊されているというなら、ビーバーが川をせき止めて作るダム巣も自然環境破壊ということになります。いや、ビーバーが川をせき止めて作るダム巣だけではありません。あらゆる動植物は、自分（と自分の子供）以外の自然環境を破壊しながら、生命活動を営んでいるのです。

その意味で私は、大都会のコンクリートジャングルとアマゾンのジャングルに、なんの違いがあるのか、よく分かりません。両者ともに大自然現象以外のナニモノでもないと思うからです。

ここで、次のように思われた人がいるはずです。

「ビーバーが川をせき止めて作るダム巣は、自然生態系を安定させる構成要素ないし契機として上手く機能している。すなわち、ビーバーがダム巣を作ることによって自然生態系のバランスが崩れるということはない。しかし、人間の文明は自然生態系のバランスを明らかに大きく崩しているではないか。よって、やはり地球上の生命体活動の中で、人間の発明した文明だけが自然環境を破壊しているのだ」

確かに、人間はその科学技術文明によって、地球の自然環境ないし生態系を破壊していると、私も思います。しかし、人間の文明による地球環境破壊とて、やはり自然現象なのです。

六五五〇万年前、地球に大隕石が衝突したことによって、当時隆盛を極めていた恐竜は絶滅しました。大隕石の衝突によってもたらされた地球環境の大変動は、恐竜を絶滅させるほどのものだったのです。すなわち、大隕石の衝突によって地球生態系のバランスは大きく崩されたわけですが、あくまでもそれは宇宙レベルで起きた自然現象です。

もっとも、大隕石が地球に衝突したのは単なる自然現象ではなく、自然を超越した（自然界とは独立に在る）何者かの恣意的な働きかけによるのだ、というなら話は別ですけどね。たとえば、地球に人類を誕生（進化）させるためには恐竜の存在が邪魔だと判断した神が、大隕石を地球に衝突させたのだという解釈も可能かもしれませんが、そのような憶説（神学説）には、なんの学問的根拠もありません。そもそも、万物の創造者である（と定義される）神が自然界にどのようなチョッカイをかけようと、それは自然を超越した行為だとは言えますが、自然に反する（自然を逸脱する）行為だとは言えません。

この例からも明らかなように、いずれかの生物種を絶滅させるほどの環境変動をもたらしたり、あるいは生態系のバランスを大きく崩したりする作用は、自然に対立する自然環境破壊だという論法には、なんの合理性もないのです。

ですから、自然界にはもともと存在しない、たとえばダイオキシンやプルトニウムといった人工の猛毒物質を、人間が環境にどれだけばら撒こうと、そして、それらばら撒かれた人工の猛毒物質によって、人間以外の動植物のみならず人間自身までもが絶滅に瀕することになろうと、それはそれで大自然のなりゆきなのです。

12 目的論的自然観——自然の合目的性

誤解のないよう願いたいのですが、私は、自然環境は保全・保護しなくていいし、生態系はいくら破壊しても構わない、と言っているのではありません。自然環境ないし生態系は、やはり保全・保護すべきです。なぜならば、自然環境ないし生態系を無闇に破壊すると、必ず人間がしっぺ返しを食らう（人間自身が不幸になる）からです。それが自然界の掟だからです。

自然界にそのような掟があることは、実は大昔から、知恵のある人たちには直観的に洞察されていました。昔の哲学者たちは、その洞察を「目的論的自然観」と呼び、あるいは洞察された掟（摂理）を「自然の合目的性」と呼んでいました。

目的論的自然観ないし自然の合目的性とは、この世の諸事物ないし諸事象は、単なる寄せ集めとして、てんでバラバラに（それぞれ独立に）在るのではなく、相互連関構造の要素、ならびに相互連関機能の契機として、全体の調和（安定）を常に目的としながら（目的論的ないし合目的的に）在るのだという、自然界全体についての洞察のことです。

そのような自然界にあっては、ある要素的存在者は全体の調和——この場合は生態系の安定——を目的とする振る舞いをしてこそ、その恩恵に浴することができます。すなわち、安定した環境で生存するという利益を享受できるのです。逆に、全体の調和を乱す振る舞いをすれば、その要素的存在者自身が不利益を被ることになります。なぜならば、自らがその要素である全体の調和が乱れるとは、とりもなおさず自分自身の生存環境が不安定になるということだからです。

人間は、地球生態系を統一的全体とする構成要素です。すなわち、私たちが自然環境を保全ないし保護しなければならないのは、私たち自身に不利益がもたらされないためなのです。自然のために自然を守るのではなく、あくまでも人間のために自然を守るべき（人間中心主義）なのです。もしも、自然環境ないし生態系が破壊されまくっても、人間に不利益が全くもたらされないなら、自然など、いくら破壊しても構わないのです。しかし現実には、自然を無闇やたらと破壊すれば、必ず人間自身に不利益がもたらされるように、この世はできています。

もっとも、人間ならびに人間活動の産物もまた自然であるという考えからすれば、いわゆる人為的な自然環境破壊によって人間自身が大きな不利益を被っても、それは大隕石の衝突による地球環境の大変動と同じで、単なる自然現象ということになります。

そもそも、いずれ遠い将来、地球は膨張した太陽に呑み込まれるか、呑み込まれないとしても、いかなる生命体も生き残れない灼熱地獄になり、地球生態系は絶滅してしまうのです。もちろん人類も、少なくとも地球上では、その時まで生き延びることはできません。

であるならば、もしも人類の営みによって地球生態系が破壊されまくり、挙句の果ては人類自身が絶滅することになろうと、宇宙レベルの時間的スパンからすれば、自然現象の変化がほんの数十億年、早まるだけではないでしょうか。

では、地球生態系を保全ないし保護する必要はないのでしょうか？　どうせ遠い将来、地球生態系も人類も、自然の必然として絶滅する運命なのだから、現代の私たちが地球生態系を保全・保護し、自然環境と共生する道を選ぶことによって、ひいては人類を永く繁栄させるべく努力しても、そんなことにはなんの意味もないのでしょうか？　それは、死すべき運命を決定づけられている地球生態系ならびに人類の、虚しい延命措置にすぎないのでしょうか？

もちろん、そんなことありませんよね。なぜならば、今を生きている私たちにとって、何十億年も先の地球の運命など、どうでも良いことだからです。そして私たち人類には、できるだけ永く繁栄したいという自然な感情があるからです。それは、私たちに先天的に備わっている感情です。なぜ、そのような感情が先天的に備わっているかといえば、それまた合目的的に調和して在る自然の産物（進化の結果）としてなのでしょう。

私たちに先天的に備わっている自然な感情を否定するなんて、馬鹿げています。人類には末永く繁栄したいという感情があり、その感情に従って理性的（目的論的）に行動することは、人類の権利であると同時に義務なのです。ですから、やはり自然環境ないし生態系は保全・保護すべきだということになります。あくまでも、現生人類の繁栄（生き残り）のために。

13　自然礼賛主義批判

ただし、なんでもかんでも人工的なものは悪であり、なんでもかんでも自然は善だという、現代人特有の能天気な自然礼賛主義だけは、厳しく批判しておきたいのです。

そもそも人類はなぜ、人工的なものごと（文化・文明）を発明し、発達させてきたのでしょうか？　それは、人間にとって最大・最強の敵である大自然から身を守るためではなかったのですか？

未だ文化・文明が誕生していなかった太古の時代、私たちの祖先にとって日々の生活は、ほとんど運任せのようなものでした。当時の人々は狩猟採集生活をしていたわけですが、食物となる動植物が十分に得られるかどうかは、たまたまその時、その人を取り巻く自然環境がどう在るかという、偶然に左右されるところが大きかったからです。獲物となる動物は、いつも人間にとって都合のいい場所にいて、人間に狩られるのを待ってくれているわけではありませんし、植物もまた、雨が降ったり降らなかったりといった気象条件が予測不能だったために、その採集量は不安定だったからです。すなわち、狩猟採集生活をしていた太古の祖先は、偶然的な自然環境条件の受動的受益者だったのです。

人類の文化・文明の萌芽は、自然環境条件の受動的受益者から能動的受益者へと、私たちの祖先が一歩を踏み出した瞬間にまで遡ることができます。その最初の具体的な契機は、自然界に在る素材を元にした道具の発明です。たとえば石器によって、獲物をそれまでより効率的に狩ることができるようになりましたし、狩った獲物の肉を容易に捌くこともできるようになりました。あるいは、動物の毛皮を綺麗に剝いで、寒さをしのぐための道具である衣類にするのにも、石器は役立ったことでしょう。

やがて私たちの祖先は、食糧をより安定的に調達するために、計画的な農耕を始めました。もちろん農耕も、干ばつや水害といった気象条件によって、計画通りの安定的な食料調達が保証されていたわけではありませんでした。そこで発明されたのが、灌漑や治水といった自然操作技術（文明）です。灌漑・治水は一個人ないし一家族ではできません。大勢の人々の共同作業が必要です。すなわち人類の祖先はここに至って、必要性から集団生活をするようになったのです。

このように農耕、特に灌漑・治水技術の発明は、とりもなおさず人間の集団生活（社会）化を意味したわけですが、集団生活を営むようになった人間社会には、言語その他の習俗が生まれます。すなわち文化の誕生です。特に言語は集団内での、あるいは他集団への農耕技術の伝達を効率化したことでしょう。すなわち、言語によって文明が広く伝播するようになったのです。（英語で「耕す」を意味するcultivateと、「文化」を意味するcultureが同語根であること、ならびに「市民の、社会活動の」を意味するcivilと、「文明」を意味するcivilizationが同語根であることは、単なる偶然ではないのです。）

以上は、人類の文化・文明がなぜ、どのように誕生したか、その黎明期についての大雑把なラフ・スケッチです。ここで重要なのは、私たちの祖先が文化・文明を発明したのは、大自然の中で生き延びるためだったということです。

人間の生存を脅かす大自然と闘うために文化・文明は発明され、発達してきたという事情は、現代でもなんら変わることがありません。たとえば原子力発電技術によって、厳しい大自然環境に取り囲まれて生きる私たちの現代（経済）生活に必要な電力を、安定的に供給できているわけですし、遺伝子操作技術によって、私たち自身の体という、これまた自然物に自然発生する遺伝病を治療することも可能になってきているのです。

もちろん、原子力技術にせよ遺伝子操作技術にせよ、そこには私たちに恩恵を与える正の側面のみならず、使い方を誤れば私たちに大きな不利益をもたらしかねない負の側面もあります。私はここで、原子力発電に賛成だとか反対だとか、遺伝子操作技術を人間に適用することは安全か危険か、あるいは倫理的にどうかといった問題に、（思想的な）意見を述べようとしているのではありません。私がここで言いたいのは、旧石器時代に始まり、現代の最新科学技術に至るまでの人類の文化・文明の発明・発達は、人間にとって最大・最強の敵である大自然との闘いの歴史であったという事実です。

ところが二十世紀以降、科学が爆発的に進歩・発展したことによって、私たちはあるトンデモナイ誤解をするようになってしまいました。それは、高度に発達した現代文明（テクノロジー）によって、私たちは自然を支配しているという誤解（錯覚）です。かつては自然が人間を支配していたが、今は人間が自然を支配しているというのです。

人間が支配者であり自然が被支配者だという図式は、人間として自然を見下していることになります。そして、これは特に人間関係一般について言えることですが、私たちは、見上げている（自分を支配している）相手に対しては、見上げている（自分が支配されている）ことに対する劣等感から遠慮なく悪口を言い、見下している（自分に支配されている）相手に対しては、見下している（自分が支配している）ことに対する罪悪感から遠慮して、おべっかを使う――最近、流行りの言葉を使えば、「ポリティカル・コレクトネス」に配慮して、見下している相手に「忖度」する――ものです。

自然礼賛主義は現代人の中でも、特に科学技術文明の恩恵に浴している先進国の人たちに広く見られるイデオロギーですが、その正体は、傲岸不遜にも自然を見下しているが故の、自然に対するおべっかなのです。

なぜ、それが傲岸不遜かというと、現代の私たちは、本当は自然を支配など全くできていないからです。有史以来、人類の生存を脅かす最大・最強の敵は大自然だったのであり、その脅威から身を守るために、私たちは文化・文明を発明・発達させてきたわけですが、実のところ大自然は、相変わらず私たちにとって最大・最強の敵であり続けているのです。そのことを私たちは、世界で最も科学技術文明が進んでいるとされるこの日本で、二〇一一年三月十一日に思い知らされたのではないですか？　もしも現代の科学技術文明が自然を支配できているなら、マグニチュード9の大地震が起きようと、四十メートルの大津波が来ようと、大勢の人が死んだり、原子力発電所がレベル7の大事故を起こしたりはしないはずです。

未だ文明も文化もほとんどなかった太古の時代、人類の祖先は自然を礼賛などしていませんでした。当時の人々は、自然を礼賛ではなく畏怖（ないし畏敬）していたのです。礼賛と畏怖は違います。

あるいは、自然礼賛主義とまでいかなくても、都会人に多く見られるのが「自然愛好趣味」です。たとえば森林浴といった言葉に典型的なように、自然愛好趣味人たちは、人間に優しい自然と触れ合うことで、人の心と体は癒されると思っています。しかし、田舎で暮らす人、特に漁師や猟師のように大自然と格闘する仕事をしている人は、自然は人間に優しいだけではないことを、身をもって知っています。彼らは、自然愛好趣味などという軟弱思想に染まることは決してありません。彼らにとって海や山は、確かに豊かな恵みをもたらす資源の宝庫でありますが、同時に、いつ自分たちに牙を剝いて襲いかかってくるか分からない、油断のならない敵でもあるのです。

自然が人間に優しいというのは、確かに一面においては真実です。しかし、大自然は私たちに好意の表情を見せるばかりでなく、悪意の牙を剝くこともあるのです。自然礼賛主義者や自然愛好趣味人たちは、そのことを傲慢にも忘れているように思います。

14　自然を憎む

自然礼賛主義者ないし自然愛好趣味人は、自然を「好いて」はいるのでしょう。しかし「愛して」はいないと思います。なぜならば自然を愛するとは、その優しさや美しさを好きになるだけでなく、その厳しさ、醜さ、恐ろしさも含めて、それら全てをひっくるめて、畏怖ないし畏敬の念をもって、自然と真正面から対峙することだからです。

自然の厳しさ、醜さ、恐ろしさとは、（擬人化された）自然が私たちにぶつけてくる「憎しみ」です。自然が私たちに憎しみをぶつけてくるならば、私たちも憎しみで応えるべきです。なぜなら、それこそが本当の意味で「自然を愛する」ということだからです。

憎しみは愛の反対ではありません。憎しみもまた愛です。愛の反対は憎しみではなく、孤独です。なぜならば、愛が「心と心の熱い交わり」と定義されるのに対して、孤独は「心と心の断絶・

乖離」と定義されるからです。憎しみは「心と心の熱い交わり」ですよね？

好意も確かに愛ですが、それだけでは不十分なのです。好意と敵意（憎しみ）の両方あって初めて、十全な愛になるのです。ですから、自然が私たちに憎しみをぶつけてくるなら、こちらも遠慮なく自然を憎んでやるべきなのです。

そもそも、自然に対する憎しみこそが、人類の文化・文明をここまで豊かに発展させてきたのだという、厳然たる歴史的事実があるのです。ですから、これからも自然を大いに憎んでやろうではありませんか！　自然に対する憎しみ（という名の愛）こそが、私たちの文化・文明（生活）をより豊かにし、発展させる原動力なのですから。

ただし、私たちの生活を豊かに発展させるべき文化・文明は、人間ならびに人工物以外の——というか、それら全てをひっくるめた——自然生態系と、共存・共栄するものでなければなりません。でないと、文明によって私たち自身が滅ぼされるという、本末転倒になりかねないからです。

15　自然の合目的性の進化論的解釈

さて、私たちが自然環境を保全・保護すべき理由は、昔から哲学者たちが目的論的自然観によって直観的に洞察していた、自然の合目的性という摂理で説明されるのでした。

自然の合目的性という摂理に世界は支配されているという考えは、正しいと私も思います。ただ、昔の哲学者たちには、なぜ自然は合目的的に調和しているのか、理論的に説明することができませんでした。そこで彼らが持ち出したのが、神です。すなわち、神は天地創造するにあたって、この世が合目的的に調和して在ることを、ことのほか望んだのだという、ご都合主義論法です。もちろんそれは、この世の在り方についての神学的解釈であり、哲学的ないし学問的な説明とは言えないものでした。

しかし現代では、なぜ自然界が合目的的に調和している（ように見える）のかは、進化論で理論的（科学的）に説明できています。

進化とは、常に変化し続ける自然環境に不適応な先天的形質を持つ個体が、生殖年齢に達するまで生き延びることができない、すなわち自分の遺伝子（先天的形質）を後世に遺すことができない一方で、その時の自然環境に適応した先天的形質を、遺伝子の突然変異により偶然獲得した個体は、生殖年齢に達するまで高確率で生き延びることができる、すなわち自分と同じ遺伝子（先天的形質）を増殖的に遺していくという仕方で起こる、種の漸次的な変化のことなのでした。

ある生命体にとっての自然環境には、当然のことながら他の生命体も含まれます。そして、それら他の生命体も進化の結果として、今、そのような姿で環境適応的に在るのであり、これからも環境の変化に適者生存すべく進化していくのです。すなわち生命体は、他の生命体との関係性において進化するのです。その常なる暫定的結果が、今、このように安定して在る地球生態系なのです。

だとすれば、地球生態系全体の構成要素である生命体同士が相即不離の共生関係にあるのは、必当然ということになりましょう。なぜならば、今、このように安定して在る地球生態系を構成する全ての生命体は、単一種の原始生命体から三十八億年かけて進化した（あくまでも暫定的な）結果だからです。つまり、地球生態系を構成している要素的生命体ないし契機的生命現象は、全体としての地球生態系の安定を、常に必当然的な目的としながら、その生命活動を相互作用的に営んでいるのです。

哲学者たちが目的論的自然観によって直観的に洞察した自然の合目的性とは、全体として一個の巨大な生命体と見なされる地球生態系の、要素的生命体ないし契機的生命現象が、進化の常なる必当然的結果として、互いに相即不離の安定した共生関係にあることの謂《い》いに他なりません。

16　人倫の合目的性の進化論的解釈

前節では、目的論的自然観によって直観される、自然の合目的性という哲学的仮説が、進化論によって科学的に説明可能であることが確認されました。自然の合目的性観念とは、なぜ動植物を無闇やたらと殺戮してはならないのか、なぜ従来から在る自然環境を保全・保護しなければならないのか、その理由を人間中心主義（ヒューマニズム）の観点から説明するものでした。それは、「自然 vs 自然」ないし「人間 vs 自然」について直観的に洞察されていた自然の合目的性の、進化論的解釈です。

同じことは、「人間vs人間」についても言えます。人間ならびに人工的な文化・文明もまた、進化の結果として今、暫定的にそう在る自然の産物だからです。すなわち「自然の合目的性」には「人倫の合目的性」が含まれるのであり、自然の合目的性が進化の常なる必当然的結果であるなら、人倫の合目的性も進化の常なる必当然的結果であることになります。（あるいは、「目的論的人倫観」によって「人倫の合目的性」が直観的に洞察されると言ってもいいでしょう。）

人倫の合目的性とは、この世に存在する諸個人ならびにその活動は、単なる寄せ集めとして、てんでバラバラに（それぞれ自由独立に）在るのではなく、相互連関構造の要素、ならびに相互連関機能の契機として、人間社会全体の調和（安定）を常に目的としながら（目的論的ないし合目的的に）在るという洞察のことです。

そのような人倫界にあっては、ある個人は社会全体の調和（平和）を目的とする振る舞いをしてこそ、その恩恵に浴することができます。すなわち平和な環境で安全に生活するという利益を享受できるのです。逆に、社会全体の調和（平和）を乱す振る舞いをすれば、その人自身が不利益を被ることになります。なぜならば、自らが所属する社会全体の平和が乱されるとは、とりもなおさず自らの生活（生存）が脅かされるということだからです。

ここに私たちは、人倫界における常識的道徳律の正当性が、進化論によって根拠づけられているのを見ることができます。社会全体の調和ないし安定を目的とする、個人もしくは集団の振る舞いとは道徳的善のことであり、社会全体の調和ないし安定を乱す、個人もしくは集団の振る舞いとは道徳的悪のことだからです。そして、道徳的善行をすれば自分自身に利益がもたらされ、道徳的悪行に手を染めれば自分自身に不利益がもたらされるというのが、二百万年の人類進化の結果、今、このように在る人倫界の摂理なのです。

「なぜ、私たちは善行をすべきであり、悪行をすべきでないのか?」という、道徳哲学ないし倫理学の問題提起に対して、人倫の合目的性観念は、「善行は自分にとって利益だからすべきであり、悪行は自分にとって不利益だからすべきでない」と単純明快に答えてくれます。それは善行だと他者から褒められる可能性があり、かつ、自分自身がほぼ確実に利益を享受することになる行為選択をしたがらない人は普通いませんし、それは悪行だと他者から非難される可能性があり、かつ、自分自身がほぼ確実に不利益を被ることになる行為選択をしたがる人も、普通いないからです。

要は損得勘定なのです。人倫の合目的性観念は、損得勘定で生きることこそが道徳的善だと教えているのです。「善人でありたければ利己主義者であれ!」or「利己的に生きたければ善人であれ!」です。

損得勘定ないし利己主義という言葉に、私たちは悪いイメージを持っています。しかし、人間のみならず地球上に存在するあらゆる生命体が、自らの利益獲得を第一の目的として(利己的に)生きてきたからこそ、地球生態系はここまで豊かに繁栄することができたのです。地球上の全ての生命体が利己的に生きることをやめたなら——極端な話、利他的にのみ生きるようになったら

――、早晩、地球は死の星になるはずです。あるいは、利他的に生きる本能を先天的に備えた生命体が、遺伝子の突然変異で誕生したことも、三十八億年の生命進化の歴史の中では在ったはずですが、そのような生命体は環境に適者生存できないので、生殖年齢に達する前に高い確率で死にます。すなわち、そのような生命体は種族として繁栄できないのです。

ですから、人類は衰退すべきだという反道徳的（反人道的）な思想を持つのでない限り、私たちが損得勘定や利己主義に従って生きるのは悪ではない、いやむしろ善なのです。

ただし、正しい損得勘定ないし利己主義と、間違った損得勘定ないし利己主義があるのです。間違った損得勘定ないし利己主義は悪です。なぜならば、それは「自分さえ良ければ（自分にさえ利益がもたらされれば）、他人がどうなろうと（他人に不利益がもたらされようと）知ったことではない」という、悪であると断罪されて当然の損得勘定ないし利己主義のことであり、他人に不利益をもたらす者は自分自身こそが不利益を被ることになるというのが、進化の暫定的結果として今、このように在る人倫界に普遍する必当然的法則（自然の掟）だからです。自分も他人も、全ての人が不利益を被ることになる行為選択が悪なのは、当たり前ですよね。

それに対して、正しい損得勘定ないし利己主義に則った行為選択は、進化の常なる結果として、暫定的にそう在る人倫の合目的性に適っていますから、自分も他人も、全ての人に利益がもたらされるという意味で善なのです。

17　本能が壊れた人間

では、どうして世の中には、間違った損得勘定ないし利己主義に囚われて、愚かな行動をしてしまう人が、少なからずいるのでしょうか？　善＝正しい損得勘定ないし利己主義に則った行為選択をすれば、自分も含めて皆が利益を得るはずなのに、他者はもちろん自分自身にも不利益をもたらす、悪＝間違った損得勘定ないし利己主義に囚われた行為選択を、私たちがしてしまいがちなのは、なぜでしょうか？

それは、私たち人間が中途半端な知性を獲得してしまったからです。私たち人間が完璧な知性＝神の全知全能を獲得しているなら、いかなる時と場合においても、私たちは正しい損得勘定ないし利己主義に則った行為選択をする——というか必然的にせざるを得ない——はずです。しかし、私たちは神の全知全能に比すれば無知無能で卑小な理性的存在者ですから、いかなる行為選択が正しい損得勘定ないし利己主義であるかを、あらゆる時と場合において正しく理解し行動する能力を、十分に持ち合わせていないのです。そのため、私たちは人生行路の多くの場面で、間違った損得勘定ないし利己主義に囚われた行為選択をしてしまいがちなのです。（「間違った損得勘定ないし利己主義に囚われた行為」には、「道徳的悪行」のみならず「愚かな行為」も含まれます。）

しかしながら私たちは、人生行路の多くの場面で悪行を避け、善行を自然と選択できているというのも、また事実です。私たちはその場合、そうすることこそが自分にとっての正しい利己主義に適った行為選択だという理解なくして、善行が自然にできています。

どうしてそのようなことが可能なのかといえば、それは私たちが進化の過程で、悪行を避け、善行を選択してこそ喜びや満足や充足を感じるという、先天的な感情的メカニズム（いわゆる善意志）を獲得したからです。

なぜ、そのような感情的メカニズム（善意志）が私たちの心の中に進化したのかというと、進化とは原因論（～を原因として進化する）ないし目的論（～を目的として進化する）ではなく、結果論（進化の結果～になった）なのですから、そのような感情的メカニズムを私たちの祖先が進化の過程で偶然獲得したからこそ、人類は知的高等生命体として、ここまで文化・文明を繁栄させることができたのです。逆に言えば、もしも私たちの祖先が進化の過程で、他者に対する思いやりや、他者を傷つけてはいけないとか、殺してはいけないとか、嘘をついてはいけないとか、人の物を盗んではいけないとか、姦淫してはいけないといった、モーセの十戒に述べられているような道徳律を自然な感情として獲得していなかったら、人類はここまで高度な文化・文明を発達させることができなかったはずです。なぜならば、そのような普遍的道徳律を自然な感情として獲得できていない人が大多数を占める種族にあっては、人倫の合目的性という理念がそもそも成立不可能ですから、そのような種族は社会を作れないはずだからです。社会を作れないとは、文化・文明を発達させることができないということです。

ＳＦ映画『スター・トレック』に、クリンゴン星人という、とても好戦的な知的高等生命体種族が登場しますが、あのような、他種族に対して攻撃的であるのみならず、クリンゴン星人同士でも常に喧嘩や殺し合いをしているような乱暴な種族が、宇宙を自在に飛び回れるほどの高度な科学技術文明を築き上げるということは、少なくとも進化論的には絶対にあり得ないのです。

以上は、中途半端な知性を獲得した、いわゆる知的高等生命体についての話です。知的高等生命体ではない野生動物は、自然の合目的性の表現である「本能」に、素直に従って行動していますから、自然生態系の安定を乱すことがないという意味で、常に正しい（自然の合目的性に適った）行為選択をしています。ところが、地球上に存在する生命体種族の中で人間だけが、「本能が中途半端に壊れている」（フロイト）ために、自然の合目的性ならびにその下位概念である人倫の合目的性に反する、愚かな行為選択をしてしまいがちなのです。

私たちの本能が中途半端に壊れているのはどうしてかというと、それはもちろん、人類が悠久な進化の歴史の中で、不完全な知性を獲得してしまったからです。要するに、私たちは知性も中途半端なら、本能も中途半端なのです。それは私たち人類にとって偶然だったのでしょうか？　それとも必然だったのでしょうか？　もしかしたら、このような中途半端で不完全な知性など獲得していなかった方が、すなわち知的高等生命体に進化することなく、猿のままで暮らしていた方が、人類は地球生態系ともども、今よりもっと幸せだったのかもしれません。

しかし、そのようなことを考えても詮無いのです。なぜならば、「三十八億年の進化の結果、地球上に現生人類のような不完全な知的高等生命体が誕生していなかったら、人類と地球生態系はどうなっていただろう?」と考えるのは、「究極的な、人類の歴史の:if」ないし「限定的な、地球生態系の歴史の:if」であり、無意味だからです。

18 進化倫理学

「なにが善であり、なにが悪であるか?」あるいは、「なぜ善は善(すべきこと)であり、悪は悪(すべきでないこと)なのか?」という倫理学ないし道徳哲学の基本問題に、ダーウィニズム進化論の立場から答える以上のような思想を、「進化倫理学」と言います。

ここまで読んで、「あれ?」と思われている人は少なくないはずです。そうです。人倫の合目的性観念ないし進化倫理学の言っていることは、「真の利己主義という理念ならびに偽の利己主義という概念」とソックリなのです。

SEXという一事例から極限不完全帰納法によって導出(帰納的超越権飛躍推理)された、「真の利己主義という理念ならびに偽の利己主義という概念」とは、次のようなものでした。

——ある人にとっての真の利益は必ず他者にとっても真の利益であり、ある人にとっての偽の利益は必ず他者にとっても偽の利益である。全ての人にとって利益である行為が善であるとすることに反対する人はいないし、全ての人にとって不利益である行為が悪であるとすることに反対する人もいない。すなわち、善とは真の利己主義に則った行為ならびにその結果のことであり、悪とは偽の利己主義に囚われた行為ならびにその結果のことである——

これは明らかに、人倫の合目的性観念ないし進化倫理学の主張とソックリです。すると、私が芸術的内観学によって洞察したと唱道する——そして読者の皆さんの合理性にも、その真理性が芸術鑑賞的に追体験妥当したはずの——「真の利己主義という理念ならびに偽の利己主義という概念」は、進化論によって説明可能な物質科学的事実なのでしょうか?

もし、そうだとしたら、それは私の哲学(芸術的内観学)にとって権威失墜の危機です。なぜならば、普遍学でなければならない学問方法論として、科学(職人的外観学)とは別に、哲学(芸術的内観学)が在るはずだというのが、私の学問的立場だからです。そして、芸術的内観学が普遍学として可能であることの実演証拠として、SEXという普遍的単称命題から、「真の利己主義という理念ならびに偽の利己主義という概念」を、私は帰納的超越権飛躍推理してみせたのです。

ところが、「真の利己主義という理念ならびに偽の利己主義という概念」と全く同じ結論が、進化論(物質科学)によっても導き出されるならば、普遍学の方法論として、科学(職人的外観学)の他に哲学(芸術的内観学)が在るはずだという私の主張は、説得力を失いかねません。なぜならば、哲学が非物質科学的に洞察するのと同じ結論に物質科学的にも到達できるなら、哲学(芸術的内観学)など必要ないように思われるからです。

普遍学としての芸術的内観学をノヴム・オルガヌム(新機関)として私が提唱したのは、それが科学的手法によっては原理的に到達不可能な、超物質的真理を洞察し得る手段だと確信したからです。しかし、芸術的内観学によって洞察される真理が科学的にも説明可能ならば、職人的外観学（科学）に比べて客観的厳密性ならびに公共的妥当性に難のある芸術的内観学（哲学）など必要ない、ということになりかねません。

もちろん、普遍的単称命題から帰納的超越権飛躍推理によって真理を導出する、極限不完全帰納法の実演例を他に提示し、その真理が物質科学によっては導出不可能であることが確認されれば、それでもいいのですが――

しかし、その必要はないのです。なぜならば、真の利己主義という理念ならびに偽の利己主義という概念の主張内容と、進化倫理学によって導き出される結論には、確かに重なる部分もありますが、同時に以下のような決定的な違いがあるからです。

19　進化倫理学は因果応報論だが、真の利己主義という理念ならびに偽の利己主義という概念は、因果応報論ではない

進化倫理学は、「それをすることが他者に利益をもたらすのみならず、巡り巡って自分にも利益をもたらす行為が善であり、それをすることが他者に不利益をもたらすのみならず、巡り巡って自分にも不利益をもたらす行為が悪である」という間接的原則を主張しますが、真の利己主義という理念ならびに偽の利己主義という概念は、「それをすることによって他者に利益をもたらす行為は、それ自体が自分の利益でもあるのだから善であり、それをすることによって他者に不利益をもたらす行為は、それ自体が自分の不利益でもあるのだから悪である」という直接的原理を

洞察しているのです。

要するに、進化倫理学は「因果応報論」の科学的根拠づけなのです。原因として善いことをすれば、結果として自分自身に利益がもたらされ、原因として悪いことをすれば、結果として自分自身に不利益がもたらされるというのは、因果応報だからです。

因果応報とは、内容はともあれ形式的には科学的因果関係のことです。科学的因果関係では、（原）因と（結）果が同時事態ということはありません。二つの事態が全く同時に起こるとしたら、両事態の間には因果関係ではなく相関関係があるか、あるいは両事態は全くの無関係であり、同時に起きたのは単なる偶然かのどちらかだからです。

すなわち因果応報論では、原因である自分の善い（or悪い）行いと、結果として自分自身にもたらされる利益（or不利益）との間に、必ず時間的スパンがあります。原因と結果の間に時間的スパンがあるとは、そこに横槍を入れて因果系列を攪乱《かくらん》できるということです。つまり、人倫界における因果応報（という正義）に反する非道徳的な事態を、いくらでも現出できてしまうのです。事実、どんなに悪いことをしても全く罰せられることなく、のうのうと天寿を全うして笑いながら死んでいく輩がいることを、私たちは知っています。（因果応報過程に横槍を入れるのは、人為的な作用〈作為によるもの〉とは限りません。非人為的＝自然偶然的な作用〈無作為によるもの〉の場合も、もちろんあります。）

このように、因果応報論の科学的根拠づけである進化倫理学の主張は、蓋然的な道徳律（原則論）としては正しいのですが、絶対確実な道徳律（原理論）たりえていないのです。

対するに、私が唱道する「真の利己主義という理念ならびに偽の利己主義という概念」は、絶対確実な事実（現実）を宣告しているのですから、原理論としての道徳律たりえています。なぜならば、自分の為す善い（or悪い）行いと自分の利益（or不利益）は、継起事態ではなく同時（同一）事態だとされているからです。因果関係は、異なる（時空継起）事態間に認識されるものですから、同時（同一）事態に因果関係を認識することはできませんし、同時（同一）事態を異なる事態に分裂させて、そこに横槍を入れることもできないのです。

以上が、人倫の合目的性の科学的（進化論的）な根拠づけである進化倫理学と、真の利己主義という理念ならびに偽の利己主義という概念との、決定的な相違点です。要するに、進化倫理学はあくまでも物質的科学なのに対し、真の利己主義という理念ならびに偽の利己主義という概念は、超物質的哲学＝形而上学なのです。

20　真の利己主義という理念ならびに偽の利己主義という概念は、進化倫理学に包摂されるか？

1.――――
ここで、次のような疑問を持たれた人がいるかもしれません。

――真の利己主義という理念ならびに偽の利己主義という概念が、人倫メカニズムとして普遍妥当しているのも、進化の結果としてそうなっているということではないのか？——もっともな疑問だと思います。だとしたら、真の利己主義という理念ならびに偽の利己主義という概念は、進化倫理学に包摂されるわけですから、それほど独創的な道徳哲学理論とは言えないことになります。

しかし、進化倫理学があくまで科学であるならば、それは通時的機能としての善悪規定論＝因果応報論のはずです。なぜならば、科学理論は現象の通時的機能を法則として表現するものだからです。ところが、真の利己主義という理念ならびに偽の利己主義という概念は、共時的構造としての善／悪規定論＝利益／不利益の同時的共有体験の洞察なのです。

前者は因果応報論である——善行ないし悪行という原因と、利益ないし不利益という結果との間に時間的スパンが必ずある——ために、そこに横槍を入れて因果応報しない不正事態をいくらでも現出できてしまうのに対し、後者は人倫界に普遍する共時的な利益／不利益共有構造を言っているのですから、そこに横槍を入れて、正義が実現しない事態を現出させることが、原理的に不可能なのでした。要するに進化倫理学が、人倫界における善／悪を蓋然的に規定する原則論なのに対し、真の利己主義という理念ならびに偽の利己主義という概念は、人倫界における善／悪を絶対的に規定する摂理論なのですから、両者の違いは明白です。

2.――――

あるいは、真の利己主義という理念ならびに偽の利己主義という概念が、進化倫理学に包摂されるのだとしたら、次のように言えるのではないでしょうか。

――通時的道徳メカニズムとして、その蓋然的妥当性が科学的に論証されている進化倫理学は、極限不完全帰納法－帰納的超越権飛躍推理を方法論とする内観法哲学（芸術的内観学）が、科学と同様に普遍的理性妥当学であることの、一つの証拠なのだ――

すると、ここにきて本書の趣旨が逆転する可能性が見えてきます。というのも、道徳哲学エッセイである本書のテーマは、あくまで善／悪であり、人倫界における善／悪を原理的に規定する「真の利己主義という理念ならびに偽の利己主義という概念」が、内観法哲学すなわち極限不完全帰納法－帰納的超越権飛躍推理によって芸術的に洞察されたわけですが、ここで逆に、如上《じょじょう》の道徳哲学的思索によって、一般的な哲学方法論であると私が主張（唱道）する、芸術的内観学の普遍的理性妥当性が、改めて演繹証明されているのではないかと思うからです。

3.――――

さて、ダーウィニズム進化論があくまで科学であるならば、進化倫理学の主張は因果応報論であらざるを得ないとのことでした。事態についての科学的認識とは、法則として記述される因果関係のことだからです。するとやはり、時間的スパンのない（通時的機能ではない）同一事態として人倫界に普遍する、(共時的構造としての) 真の利己主義という理念ならびに偽の利己主義という概念を、進化倫理学によって (科学的に) 説明することはできないということでしょうか? しかし私たちは、真の利己主義という理念ならびに偽の利己主義という概念が、(進化の結果としての) 人倫界の摂理論たり得ていることを、直観できてもいるのではないでしょうか?

ここで問題になっているのは、真の利己主義という理念ならびに偽の利己主義という概念が、人倫界の摂理として妥当するのは確かに進化の結果なのだとしても、進化倫理学があくまで科学であるならば、真の利己主義という理念ならびに偽の利己主義という概念を進化倫理学に包摂するのは、学問の定義上、矛盾になってしまうということです。

この問題の解決策として一つ考えられるのは、「そもそも進化論は科学ではない」という意見を受け入れることです。

「科学は実証科学でなければならない」というのは、現代の学問界における常識です。ある理論が科学的に正しいかどうかは、実験ないし観察によって確認(実証)されて、はじめて判定されるというのが、実証科学という思想です。ところが、生物進化を実証した人は、これまでほとんどいないのです。三十八億年前に最初の生命体が地球に誕生して以来、進化論者たちが仮説として主張する通りの遺伝的進化が、本当にあったかどうかを確認(実証)するためには、タイムマシンを発明しなければならないからです。化石は証拠になりません。進化論を実証するために必要なのは、過去に起こった(とされる)進化の結果である、生命体の痕跡(化石)ではなく、現在進行形で進化しつつある生命現象（過程態）の観察だからです。（ガラパゴス諸島に生息するダーウィンフィンチという鳥についてのみ、自然淘汰によるリアルタイムな進化過程が観察されたという報告がありますが、たった一回の観察例〈特殊的単称命題〉だけで科学理論が実証されたというのは、無理があると思います。）

いずれにせよ、「科学は実証科学でなければならない」という思想を前提とするなら、少なくとも現時点では、進化論は十分な科学とは言えないのです。進化論が科学でない――あるいは、少なくとも科学としての十分な要件を満たしていない――なら、進化倫理学も当然、十分な科学理論ではないことになります。よって、真の利己主義という理念ならびに偽の利己主義という概念が進化倫理学に包摂されるとしても、学問の定義上、なんら矛盾ではないことになります。

21　超個体としての人類の治療

蟻や蜂のように、コロニー単位で一個の統合的生命体と見なされる集団のことを、生物学用語で超個体（スーパーオーガニズム）と言います。たとえば蟻は、コロニー単位ではじめて一個の生物主体たり得ているのであって、一匹一匹の働き蟻には生物としての主体性はありません。そもそも働き蟻は、コロニーから独立した単体では長く生きることすらできません。女王蟻もコロニーの主体ではありません。あくまでも蟻は、コロニー全体としてはじめて一個の統合的主体（スーパーセルフ）たり得ているのです。

超個体においては、その構成メンバー全員――働き蟻も女王蟻も――がコロニー全体の利益／不利益を共有しています。超個体にとっては、全体を一個の主体（スーパーセルフ）とする、同一にして同時的な価値としてのみ、利益／不利益という言葉には意味があるのです。利益／不利益という同一の価値が集団全体に同時的に共有されているとは、真の利己主義という理念ならびに偽の利己という概念が、超個体を構成する全てのメンバー同士の利害関係として、理想的に実現しているということです。

さて、人間集団（地域コミュニティ、民族、国家、人類）は普通、蟻や蜂の集団のような超個体だとは思われていません。人間はあくまでも、それぞれの個体が独立した自我主体（セルフ）だとされています。しかし、集合的無意識（ユング）や群衆心理といった心理学用語からも明らかなように、社会的動物である我々人間集団にも超個体性はあります。逆に、蟻や蜂のコロニーを構成している一匹一匹にも、人間個人のそれに比べれば極めて希薄ながらも、個体性はあるはずです。要するに、両者の違いは程度問題だということになります。

すると、我々人間集団にも超個体性があるという点に着目するなら――そして、蟻や蜂がより完全な超個体であるのも、人間がより不完全な超個体であるのも、生物進化の結果であるという事実を併せ考えるなら、（因果応報論ではない）真の利己主義という理念ならびに偽の利己主義という概念が、進化倫理学に包摂されるのは当然だ、ということになるのではないでしょうか？

あるいは、いわゆるガイア理論のように、人類もその一部である地球生態系全体を一つの超個体と見なすならば、自然環境を我々が保護すべき理由も、人倫を超えた進化倫理学、ないし真の利己主義という理念ならびに偽の利己主義という概念によって、改めて説明されることになります。

いや、そもそも人間個人からして超個体だと解釈することも可能なのです。というのも、私たち一人一人は、二百種類‐四十兆個の細胞、もしくは――私はその正確な数を知らないのですが――様々な種類の組織ないし臓器によって構成された超個体だと見なすことが可能だからです。その場合、それら細胞ないし組織ないし臓器の間には、これまた蟻や蜂のコロニーに見られるのと同様の、進化倫理学を原則とする、ないし真の利己主義という理念ならびに偽の利己主義という概念を摂理とする、利益／不利益の共有関係があることになります。

ここで私が特に着目したいのは、一個人の体内に発生する極悪な存在＝ガン化した細胞ないし組織です。というのも、一個人の体内に発生するガンとのアナロジーで、社会という超個体内に発生するガン、ないし人類という超個体内に発生するガンというモノ（極悪存在）が考えられるからです。

たとえば、将軍様と呼ばれる独裁者が無辜《むこ》の人民を経済的に虐げながら、側近の高官たちや、それこそ実の兄弟すら、ちょっと気に入らないことがあれば残虐に殺すような、それでいて自分だけは、喜び組の中途半端な美女たちと酒池肉林の快楽に耽っているような、そして近隣諸国の国民を拉致しまくり、世界中の理性的国家からの非難をものともせずに、核兵器開発をしてはミサイル実験するような、そんなトンデモナイ貧困国家があるとしたら、どうでしょうか？　あるいは、自分たちが信じる神の名を唱えながら、宗派や宗教の違う人々を、生きたままサバイバルナイフで斬首したり、火あぶりにしたり、頭の上に大岩を落として潰し殺すといった残虐行為が常態化している、これまたトンデモナイ集団があるとしたらどうでしょうか？　もしくは、時代錯誤な帝国覇権主義を振りかざして、近隣諸国の領土・領海を侵略しまくるのみならず、自国内の少数人族に対するエスニック・クレンジングやジェノサイドといった超極悪行為まで現在進行形で行っている、二十一世紀のナチスと呼ぶのが相応しい、エセ共産主義超大国があるとしたら、どうでしょう？　それらの国家ないし集団は、人類という超個体内に発生した、まさに「ガン」ではないでしょうか？

では、一個人の体内に発生した、文字どおりの意味でのガンに対して、私たちは普通どうするかと言えば、まずは当然のことながら治療を試みます。すなわち、手術や抗がん剤治療や放射線療法によって、病巣を摘出ないし殺戮することで、患者の命を救おうとするのです。

人類という超個体内に発生したガン国家や集団に対しても、我々がやるべきことは同じです。人類を救うために、ガン国家や集団を、手術ないし抗がん剤治療ないし放射線療法によって殺戮すべきなのです。つまり、正義の戦争をすべきだということです。

ガンは、なによりも予防が大事です。しかし、一旦ガンになってしまったら、早期発見・早期治療が次善の策として喫緊の課題となります。さぁ、人類という超個体内に発生したガンも、とっと治療（戦争）して、患者（人類）を救いましょう。

こういうことを言うと、次のような陳腐な反論が必ず出てきます。

「暴虐な独裁国家や過激な宗教原理主義者たちによるテロリズムや二十一世紀のナチズムは、確かに人類全体にとって不利益でしかない極悪だと思うが、だからと言って戦争を問題解決の手段とするのには賛成できない。なぜならば戦争をすると、排除すべき極悪国家や集団だけでなく、極悪国家や集団の内部ないし近隣にいる、大勢の無辜の人々にも甚大な被害が出るからだ。それに、戦争を仕掛けるこちら側にだって少なからぬ損害が出るはずだ。ここは一つ冷静になって、話し合いで問題解決を図ろうではないか」

では、お尋ねしますが、そう言う人たちはガンと診断されても、「治療を受けると、ガン細胞だけでなく周りの正常組織もダメージを負って（殺されて）しまい、病気は完全治癒しても後遺症に苦しめられることになる」からと、手術や抗がん剤治療や放射線療法（標準治療）は拒否し、漢方薬やサプリメントやヨガだけでガンを治そうとするのですか？　非理性的な極悪国家や集団に対して「平和的話し合い」で問題解決を図ろうというのは、漢方薬やサプリメントやヨガだけでガンを治そうとするのと同じです。漢方薬やサプリメントやヨガにも、患者の免疫力を高めるなど、ガン治療をバックアップする効果はあると思いますが、あくまでもそれは、標準治療を選択した上での付加療法――代替療法ではなく――としての話です。

ガンに対して標準治療を行えば、確かに正常組織も少なからぬダメージを負い、致死的な病気は治っても、患者の体には多かれ少なかれ後遺症が残ります。しかし、それは患者の命を救うという第一目的のためには、やむを得ない後遺症なのです。

それと同じです。人類という超個体内に発生したガン（極悪国家、集団）に戦争を仕掛ければ、大勢の兵士のみならず無辜の人民までもが巻き添えを食って死ぬことになります。しかし、それは人類全体の平和と幸福という第一目的のために、私たちが理性的根性を発揮して敢行しなければならない「正義の戦争」に伴う、やむを得ない損害（コラテラル・ダメージ、必要悪）なのです。ただし、ガンと診断された際に、まずは医者の勧める標準療法に従いながらも、漢方薬やサプリメントやヨガといった付加療法に頼ることが、なんら問題ではないように、極悪国家や集団に対して正義の戦争を敢行しつつも、いつでも相手の降伏ないし停戦交渉（話し合い）を受け入れるという、比較的平和優先主義的姿勢を保持すべきなのは、言うまでもありません。

いずれにせよ、ガンと診断されたにもかかわらず、医者が勧める標準治療を拒否して民間代替療法にのみ頼ったり、人類にとってのガンである極悪国家や集団に対して正義の戦争を敢行せずに、いわゆる「平和的話し合い」のみで問題解決を図ろうとするのは、人間の健康ないし人類の平和に対する、無知で無責任な馬鹿以外のナニモノでもないのです。


さて、ガンがなぜ悪かと言えば、それはもちろん、私たちの体の健康を蝕み、放置すれば必ず死に至る病だからです。では、ガンを主体として考えた場合はどうかと言えば、やはりガン自身にとってもガンであることは悪なのです。

ガンと診断されたら私たちは治療を受けますが、その結末は普通、治療に成功するか失敗するかのどちらかです。で、治療に成功すれば、体内のガンは当然、死滅します。では、治療に失敗した場合はどうなるかと言えば、治療に失敗するとは患者が死ぬということですから、生きている患者の体内でしか生きられないガンは、やはり死滅するのです。つまり、患者の健康体に反逆を試みたガンは、反逆が成功しようと失敗しようと、必ず自らを滅ぼす運命なのです。

ガンは、己の増殖欲求を無制限に満足させるべく、正常細胞・組織を搾取しまくりながら盲目的に生き延びようとしますが、その結果もたらされるのは、自らの確実な死という不利益（悪）あるのみなのです。このようにガンは、周囲（健康細胞）はもちろんのこと、己自身にも死という不利益を確実にもたらす、超弩級に愚かな（究極的な偽の利己主義に囚われた）生命体だから、極悪なのです。

ガンは予防が最も大事です。しかし、私たちは未だにガンの予防法を確立できていません。すると、次に重要なのは早期発見・早期治療です。悪性度の低いごく一部のガンは、発見してもすぐには治療をせず経過観察するだけということもありますが、ほとんどのガンは発見されたら即、治療です。人類という超個体内に（予防的平和主義政策も虚しく）発生してしまった、ガン集団ないしガン国家に対しても、私たちは同じように理性的に対処すべきではないでしょうか？

一個人の体内に発生したガンは、放っておけば周囲の正常細胞を食い潰しながら増殖・転移し、治療が遅れれば遅れるほど治癒は困難になりますし、仮に治療が成功して病気は完治するとしても、患者の体には大きな後遺症が残ることになります。人類という超個体内に発生したガン集団や国家についても同じです。人類にとってのガンという、今そこにある危機から目を逸らして、無責任な綺麗事ばかり言っていたら、病気はどんどん進行して手遅れになってしまいますよ。さぁ、とっとと治療（戦争）しましょう。

22 民族多様性

目的論的自然観によって哲学的に直観された、あるいは進化論によって科学的に論証された「自然の合目的性」が私たちに教えてくれたこと——それは、人間の利益のため（人間に不利益がもたらされないため）にこそ、自然環境は保全・保護されなければならないということでした。

自然環境を保全・保護するとは、その中で生きる生物種の多様性が保持されるということです。なぜならば、生物種が多様であるとは、それだけ豊かな遺伝的バラエティを生態系が内包しているということであり、自然生態系が全体として豊かな遺伝的バラエティを内包してこそ、環境がどのように変化しても、新しい環境に適者生存できる遺伝形質を備えた個体が、すでに存在している確率が高くなるからです。すなわち遺伝的バラエティが豊かであった方が、環境が激変しても、生き延びられる個体の数が多くなるのです。

なぜ、なるべく多くの個体が生き延びる必要があるかというと、個体数が多いとは、それだけ多くの遺伝的バラエティがあるということですから、再び環境が大きく変わっても、新しい環境に適者生存できる個体が、すでにその中に含まれている可能性が高くなるからです。

逆に言うと、生物の多様性がなくなり遺伝的バラエティが乏しくなると、環境が激変した際に、新しい環境に適者生存できる個体が存在している確率がぐんと下がり、個体の絶対数が減ってしまうのです。すると、ますます遺伝的バラエティは乏しくなりますから、負のスパイラルによって生命体種族は絶滅危惧種となり、事実、絶滅してしまうのです。

生命体種族が絶滅すると、絶滅した種の数だけ生物多様性は失なわれます。生物多様性が失なわれるとは、悠久な進化の常なる暫定的結果として合目的的に安定した状態にある、今現在の生態系バランスが崩れるということです。それは自然生態系の要素である人類に、確実に不利益をもたらします。

絶滅危惧種になっても、新しい環境に適者生存できる突然変異体が生まれて、新しい種へと進化すれば問題ないのでは？と思われるかもしれません。しかし、絶滅危惧種は絶対数が少ないので、その中から稀に発生する突然変異体が、新しい環境に適応した形質を備えている可能性は、いっそう低いのです。突然変異が、環境に適者生存する新種族誕生（進化）の契機になり得るのは、あくまでも母体種族の個体数が圧倒的に多い場合です。よって、絶滅危惧種が進化という形で子孫を生き延びさせることは、ほとんど不可能なのです。

以上の議論で確認されたのは、地球生態系が全体として生命活動を永く存続させるためには、生物多様性（遺伝的多様性）が絶対に必要だということです。そして、生命現象の進化について言えることは、人間文化現象の進化についても言えるというのが、ミーム（文化的遺伝子）という概念を提唱したドーキンスや、二重相続理論の主張だったのです。よって、地球生態系がこれからも豊かに存続するためには、生物進化を可能とする生物多様性（遺伝的多様性）が必要条件だとされたように、人類の文化がこれからも豊かであり続けるためには、文化的進化を可能とする文化的多様性（ミームの多様性）が必要条件なのです。あるいは、人類がここまで豊かな文化を築き上げてこられたのは、文化の多様性があったからこそなのです。

では、文化の多様性を保持するためにはなにが必要かといえば、それこそ他でもない、民族の多様性なのです。なぜならば、民族の違いは文化の違いなのですから、なるべく多くの民族が共存共栄してこそ、人類全体の文化はより多様だと言えるからです。

そして、現代において国家とは民族国家なのですから、すでに在る国家がなくなる（国民が国民でなくなる）と、人々の民族意識は希薄になり、文化的アイデンティティーは喪われてしまうのです。文化的アイデンティティーが喪われるとは、文化が滅びるということです。それは芸術至上主義者である私のみならず、ほとんどの理性ある人々にとって、受け入れがたい悪（不利益）のはずです。

以上が、「国家をなくせば戦争もなくなる」あるいは「戦争をなくすために国家をなくすべきだ」という単純なイデオロギーに私が反対する、二つ目の理由です。

もっとも、これだけの理由だと、「大勢の人が戦争で死ぬことに比べたら、人類の文化が衰亡する方が遥かにマシだ」という意見が出てくるかと思います。しかし、人類の生物学的進化と文化的進化は相互作用し合いながら共進化する、というのが二重相続理論だったのですから、人類の文化的な勢いが衰えると、人類の生物的な勢い（生命力）も衰えてしまうのです。

要するに、「国家をなくせば戦争もなくなる」あるいは「戦争をなくすために国家をなくすべきだ」と主張する人は、「戦争をなくすために人類は滅びるべきだ」あるいは「大勢の人が殺されないために、人類そのものを滅ぼすべきだ」と言っているに等しいのです。

もちろん、だからと言って、人類の文化を振興させるために戦争をすべきだ、ということではありません。戦争が極悪事態なのは言うまでもないのですから、いかなる理由があろうと戦争（大量殺戮）を肯定することはできません。

ただし、戦争が「国家間の闘争」と定義されるという、ただそれだけの理由から、「戦争をなくすために国家をなくすべきだ」という短絡思考に走るのは、「死にたくなければ、そもそも生まれてこなければいい」と言うのと同じで、馬鹿なのです。

23 民族主義のすすめ

前節では、民族の多様性が保持されなければならない理由が、進化論的に説明されました。民族の多様性を保持するとは、それぞれの民族が文化的勢力拡大に努めるということです。なぜなら、全ての生命体種族が生存競争（生命活動の勢力拡大）にしのぎを削ってこそ、地球生態系は全体として豊かに繁栄し続けられるというのが、生物学的進化論が私たちに教えてくれたことだったのであり、同じことが文化的進化についても言えるからです。すなわち、全ての民族が自らの文化の勢力拡大にしのぎを削ってこそ、人類の文化は全体として豊かに繁栄し続けられるのです。

そして、民族の文化的勢力拡大に努めるべき義務と責任を負うのは、それぞれの民族の構成メンバー一人一人なのですから、私たちは人類の文化（と生存）に対する義務と責任を果たすべく、民族主義者であるべきなのです。

ここまでの私の話を聞いて、それでも民族主義ないし国家主義を否定するなら、あなたは「人類など滅びても構わない」と言っていることになります。それは、人類に対する凶暴悪なテロリズムに繋がりかねない、アンチ・ヒューマニズム思想です。

24　進化し続ける民族

ただし、私が奨励する民族主義ないし国家主義は、他民族ないし他国家の物質的な、あるいは精神的な侵略をば含意しません。あくまでも、良きライバルとして他民族と切磋琢磨し合いながら、人類全体の文化をより豊かにしていこうというのが、私の考える民族主義ないし国家主義です（たとえば、日本の浮世絵版画に影響を受けたフランスの印象派絵画〈ジャポニスム〉など、まさに切磋琢磨し合う民族主義の賜物と言えるでしょう）。

それと、民族の多様性が保持されなければならないとは、今在る民族（ないし国家）が恒久不変であるべきだということでもありません。
自然環境は保全・保護されなければならないというのが、（生物学的進化論によって根拠づけられる）自然の合目的性が私たちに教えてくれたことなのでしたが、それは、今在る自然生態系の姿（ありさま）は恒久的に変わってはならない、ということではありません。たとえば、一億年前と現在とでは、地球生態系の姿は全体的にも部分的にも大きく異なっていますが、それは地球生態系がちゃんと進化しているということですから、自然で正しい変化です。逆に、恒久的に変わらない自然生態系が在るとしたら、それは進化していないということですから、不自然で正しくない不変化です。そのような不自然な生態系（の構成メンバー）は、常に変化し続ける環境への適応能力がすぐになくなりますから、いずれ滅びてしまいます。すなわち、地球生態系が繁栄し続けるためには、その構成要素である生命体諸種族が、常に進化（変化）し続けなければならないのです。（注）
それと同じで、人類の生物学的ならびに文化的進化の、あくまでも暫定的な結果として、諸民族は今、このような姿で在るのですから、地球生態系の一員である人類の子孫が繁栄し続けるためには、諸民族はこれからも進化（変化）し続けなければならないのです。
しかし、だからと言って、今在る民族の形を人為的に変えても良い、ということにはなりません。なぜならば、悠久な進化の暫定的な結果として今、このように在る民族の形を人為的に変えてしまうと、変えられてしまった民族の形と、同じく悠久な進化の暫定的な結果として今、このような姿で在る人類全体との間に必ず齟齬が生じ、変えられてしまった民族も人類全体も、不利益を被ることになるからです。

それは、悠久な進化の暫定的な結果として今、このように在る自然生態系を人為的に変えてしまうと、変えられてしまった自然生態系と、同じく悠久な進化の暫定的な結果として今、このような姿で在る人類との間に必ず齟齬が生じ、人類自身が不利益を被ることになるのと同じです。

そもそも、進化は目的論（どう進化すべきか）ではなく結果論（どう進化したか）なのですから、生命体も文化も、人為的（計画的）に進化させることはできないのです。進化が結果論でしか語ることができないのは、自然界も人倫界も、その合目的的メカニズムは単純系（線型）ではなく複雑系（非線型）なのだから、あるべき進化の形を計算予測できないからです。進化はあくまでも非恣意的に、自然に起こるものでなければなりません。

（注）ちなみに、時空を超越した立場から世界を客観的に見る限り、一億年前と現在のどちらの地球生態系がより良いとか正しいとか言うことはできません。「進化」とは、時間の進行に伴って化けていくという客観的事態を中立的に表現しているだけの言葉であり、そこに「進歩」や「発展」という意味はないからです。すなわち、それが進化の常なる暫定的な結果としてそう在るものである以上、いつの時代の地球生態系も、自然の合目的性によって全体が支配されているという意味で正しいのです。ただし、私たち人間は時空を超越した客観的な視点で生きているのではなく、あくまでも今現在という主観的な視点に囚われて生きているのですから、進化の常なる暫定的な結果として今、このように在る自然環境こそが私たちにとっては正しい、と価値判断されて当然だということにはなります。

25　個人の個性

以上、民族ないし国家といった集団レベルでの個性の多様性が、私たちにとっていかに大切かを、進化論的に説明しました。同じことは、個人レベルの個性についても言えます。すなわち、私たちの生物学的ならびに人格的な多様性（個人レベルの個性）もまた、人類全体の生存ならびに文化的繁栄のために絶対必要であることが、進化論的に説明できるのです。それが具体的にどのような理屈かは、もはや重ねて説明するまでもないでしょう。

しかし、ここで一つの疑問が出てきます。というのも私は今、「個性は尊重されるべきだ」という、現代民主主義先進国では常識になっている命題が、生物学的ならびに文化的進化論から必然的に導き出されるという話をしているのですが、個人レベルの個性と集団レベルの個性は相対立することがあるというのも、これまた事実だからです。それは、たとえば「個人主義vs集団主義」という対立概念にハッキリ示されていますし、あるいは個性的に生きている人が、「あなたには協調性がない」と多数派からしばしば非難されることがあるのも、個人レベルの個性と集団レベルの個性が相対立する良い例でしょう。にもかかわらず、集団レベルでの個性尊重（民族主義ないし国家主義）も個人レベルでの個性尊重も、ともに人類全体の利益にとって必要不可欠だと私は言っているのです。これは二律背反（矛盾）なのでしょうか？

いいえ、二律背反ではありません。なぜならば（個人レベルでも集団レベルでも）個性とは、あくまでも人倫の合目的性ならびに自然の合目的性に反しない限りにおいて、言い換えれば人類全体の利益を積極的に損なわない限りにおいて、尊重されるべきものだからです。ですから、個性を前面に出して生きている人が、どれだけ協調性に欠けたKY（空気読めない）野郎であろうと、人倫界に明らかな不利益がもたらされていない——彼の個性が人類進化の明確な阻害要因になっていない——ならば、そのヴィヴィッドな個性は否定されるべきではない、いやむしろ尊重されるべきなのです。なぜならば、彼の個性が周囲から疎んじられ、そこに軋轢が生じるとしても、むしろその軋轢を契機としてこそ、社会全体、ひいては人類全体は進化できるのかもしれないからです。

そもそも、ヴィヴィッドな個性を発揮しながら生きている人をKY野郎だと疎んじる集団は、その人と直接に接触している、ごく小さなコミュニティーのはずです。ところが、人類全体の生存ならびに文化的繁栄のために絶対必要だと私が主張する個性的集団とは、民族のことなのです。小さいコミュニティー内で、ある人の個性と、そのコミュニティーの集団的個性との間にどれだけ軋轢が生じようと、民族全体に直接的な不利益がもたらされるわけではありません。すなわち、ヴィヴィッドな個性を発揮しながら生きているKYさんが、小さなコミュニティー内でどれだけ疎んじられようと、その個性が他者を明確に不幸にしたり、反社会的なものでない——公共の福祉に反していない——限り、コミュニティーは彼を排除すべきではないのです。いやむしろ、彼を社会から排除してしまうと、それは人倫界の進化の可能性——あくまでも可能性です——の芽を摘んでしまうことになりますから、かえって社会全体に不利益をもたらしかねないのです。

26 個性グラフ

以上は、人類進化の、あくまでも消極的なプロモーターであるかもしれない、ヴィヴィッドな個性の持ち主についての話でした。それとは別に、自らの強烈な個性を遠慮会釈なく表現しながら傍若無人に生き、かつ人類の文化・文明を革新的に進化ないし発展させる、積極的なプロモーターとなっている人格があります。いわゆる「天才」のことです。

歴史を紐解くと、天才――その定義は「それまで存在しなかった、新しい価値を創造（クリエイト）する能力」なのでした――はほとんど例外なく、社会生活をスムーズに送る上での、少なからぬ人格的問題（欠陥）を抱えていたことが確認されます。要するに歴史上の天才は皆、超ＫＹ野郎だったのです。まあ、「超ＫＹ野郎」なんて言ったら、天才の皆さん――天才は滅多にいないのですから、「皆さん」というのはおかしいですが――に失礼ですから、強烈な個性とでも婉曲表現しておきましょうか。

そこで次に、「天才の強烈な個性」について考えてみたいと思うのですが、その前に、一般的な意味での「個性」について、私の考えを述べておきます。

図1を見てください。これは私が「個性グラフ」と呼んでいるものです。横軸は能力を測る尺度（ex.記憶力、論理的思考能力、音楽的センス、商才、足の速さ、腕力、人好きのする性格、優

図1

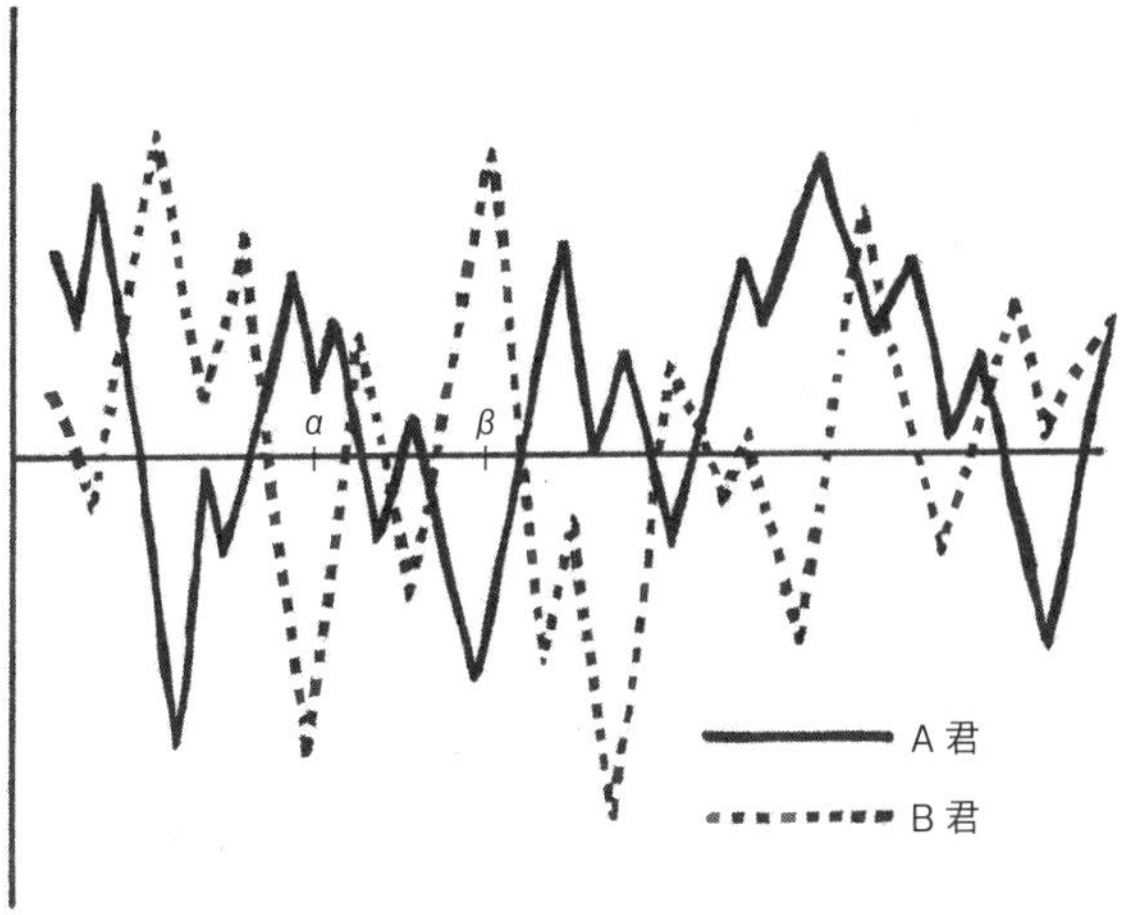

しさ、容貌容姿……etc.）で、縦軸は能力値（点数）です。横軸上が平均点となります。
グラフを見てまず分かるのは、A君とB君の個性が全く異なるということです。いわゆる「人それぞれの個性の違い」が、グラフの形の違いとして表現されているのです。そして、A君とB君のどちらが優れているか、あるいは劣っているかを単純に言うことはできないのも分かります。たとえばα点の能力尺度では、A君は平均点を上回っているのに対して、B君は平均点を遥かに下回っています。ところがβ点の能力尺度では、逆にB君が平均点を遥かに上回っており、A君は平均点を大きく下回っているのです。このように、A君とB君のどちらが優れているかを判定しようとしても、なんの尺度に照らしてなのかをハッキリさせなければ、判定しようがありません。ある尺度ではA君の方がB君より優れているとしても、別の尺度では、B君の方がA君より

図2

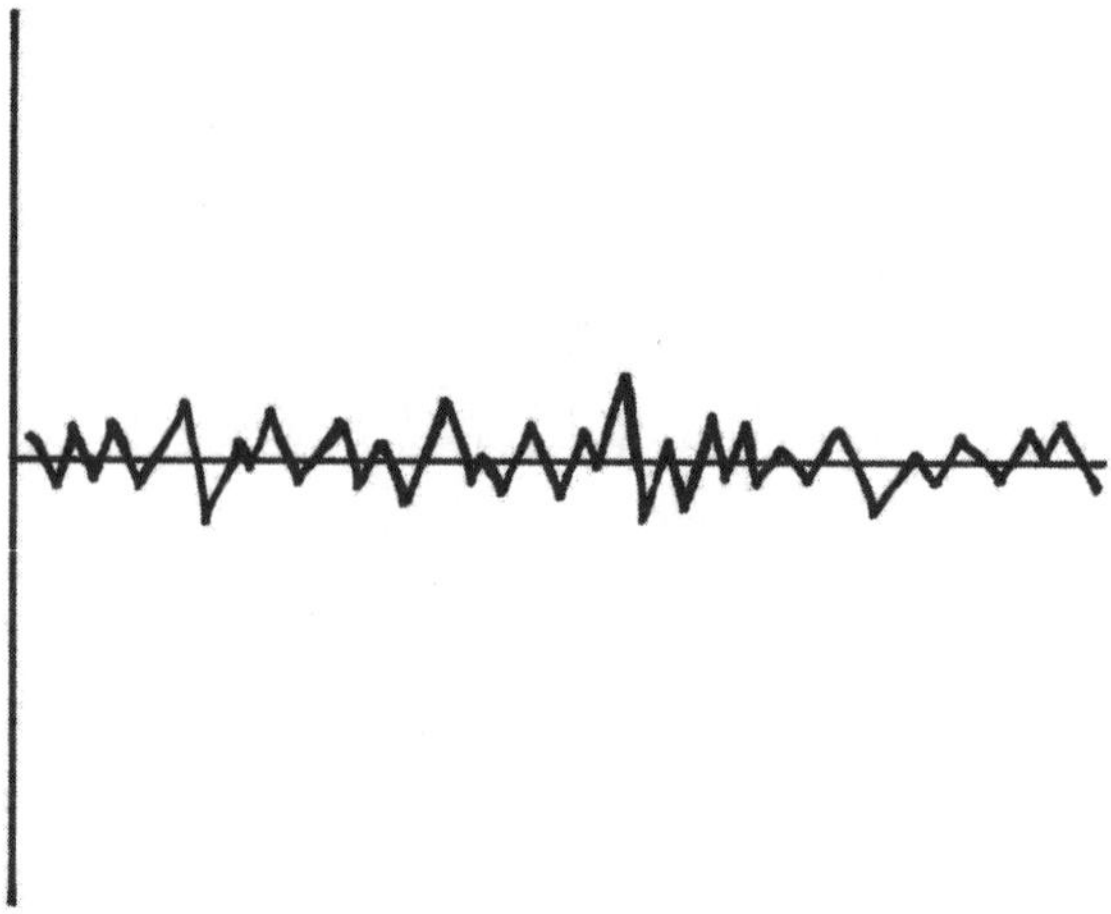

優れているということが、普通にあるからです。あるいはA君B君ともに、平均と比較して同じくらい優れていたり、凡庸だったり、劣っていたりということもあるでしょう。
このように、個性の優劣を云々することは基本的にはナンセンスなのですが、優劣ではなく、個性がよりヴィヴィッドに際立つ（個性的な）人と、際立たない（没個性的な）人を指摘することはできます。たとえばA君とB君は比較的、個性が際立っていると言えるでしょう。
では、C君はどうでしょうか？　図2がC君の個性グラフです。これは典型的に没個性的な人の個性グラフです。つまり、全ての能力がほぼ平均点であり、可もなければ不可もありません。C君には大きな短所がありません。その代わり、大きな長所もないのです。実は、大多数の人々はC君タイプです。A君やB君のようなヴィヴィッドな個性の持ち主は、少

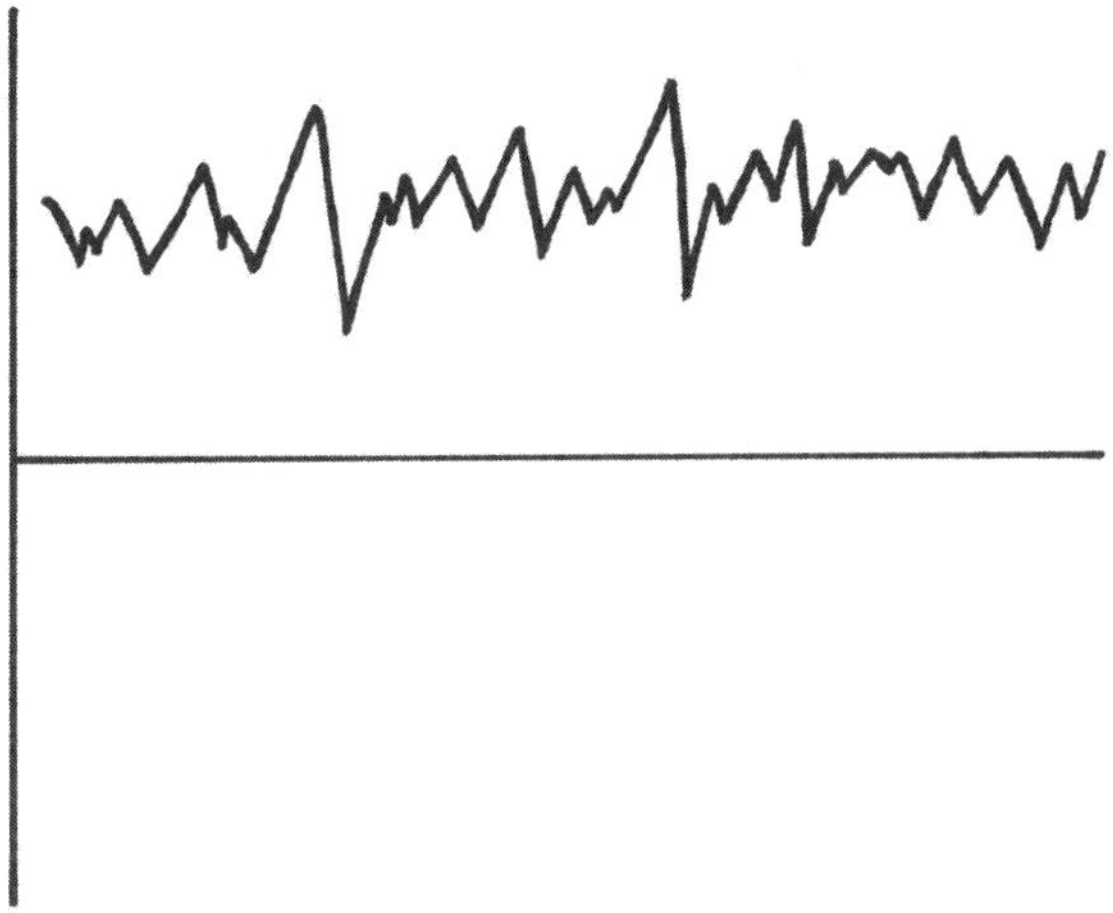

図3

数派です。そして、A君やB君よりC君の方が、世渡り上手なのです。

なぜならば、世の多数派はC君と同じタイプなのですから、いずれの能力尺度に照らしても点数にほとんど差のない者同士、仲間意識を共有して仲良くやっていけるからです。対するにA君ないしB君には、平均点をハッキリ上回る能力ならびに下回る能力があります。凡庸な多数派（C君たち）は、この平均からのハッキリとした逸脱が気に入りません。特にA君ないしB君が持つ、平均を大きく上回る能力に、C君たちは嫉妬します。もっとも、もしもA君ないしB君の個性グラフが、図1ではなく図3であったら、あらゆる能力面で自分たちを大きく上回るA君ないしB君を、C君たちは羨みこそすれ、嫉妬したり妬んだりはしないでしょう。それはたとえて言うなら、子供が大人の圧倒的な能力に憧れるようなものです。しかし、C君たちにとって都合のいいことに、A君ないしB君には、C君たちの能力（平均点）を大きく下回る部分（短所）もあるのです。C君たちは、ここぞとばかりにその短所をあげつらいます。なぜなら私たちは、見上げている相手に対しては、見上げていることに対する劣等感から、悪口を言いたくなるものだからです。

このようにして、A君ないしB君と、C君たちとの間には軋轢が生じるわけですが、多数決の論理によって、当然のことながら勝者（世渡り上手）となるのはC君たちであり、敗者（世渡り下手）となるのはA君ないしB君です。

以上は当然のことながら、人間の個性という事象を単純化した議論です。人間の個性の実態は、そこまで単純化されるものではないと言われれば、それはそのとおりだと思います。しかし、個性グラフという観点は、「個性の尊重」というテーマに沿った議論をする際の、一つの目安として有効な考えにはなると思います。

27　心身障害者差別

さて、A君とB君とC君の個性グラフには、ある共通する特徴があります。それは、全ての能力値のプラスマイナスを総計すると、ほぼ平均点になるという点です。もっとも、これはあくまでも私が直観的に想定している仮説です。もしかしたら、総計が平均点を大きく上回ったり、下回ったりする人もいるかもしれません。たとえば、図3のような人がいるとしたら、その能力値

図4

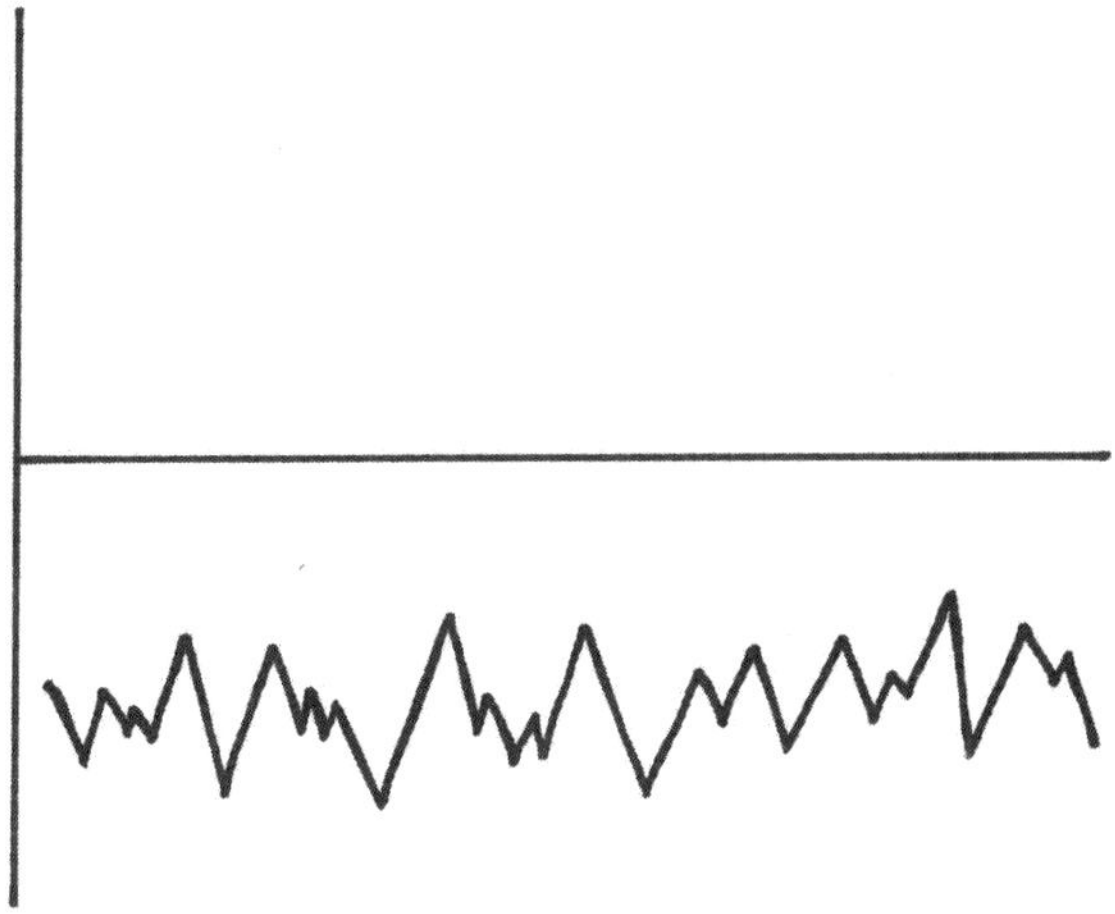

の総計は平均を大きく上回ります。
ここで特に問題になるのは、能力値の総計が平均を大きく下回る人がいるとした場合です。というのも、個性グラフの能力値のプラスマイナスの総計が平均点を大きく下回る人、特に図4のような人がいるとしたらという話を聞いて、皆さんは「心身障害者」を思い浮かべたはずだからです。そして、心身障害者の個性について何事かを語ろうとする際には、「差別」という問題が必ず付いて回るからです。
さて、ここで問題です。心身障害者の個性グラフは図4だと私が言ったら、それは差別でしょうか？
あるいは、「心身障害者には心の美しい人が多い」という言葉を聞くことがあります。心身障害者の個性グラフは、図4ではなく図5だというのです。しかしそのような、誰の耳にも聞こえのいい綺麗事を言う人こそ、心身障害者を差別していると、私は思います。というのも、「では、心身障害者は心が美し

図5

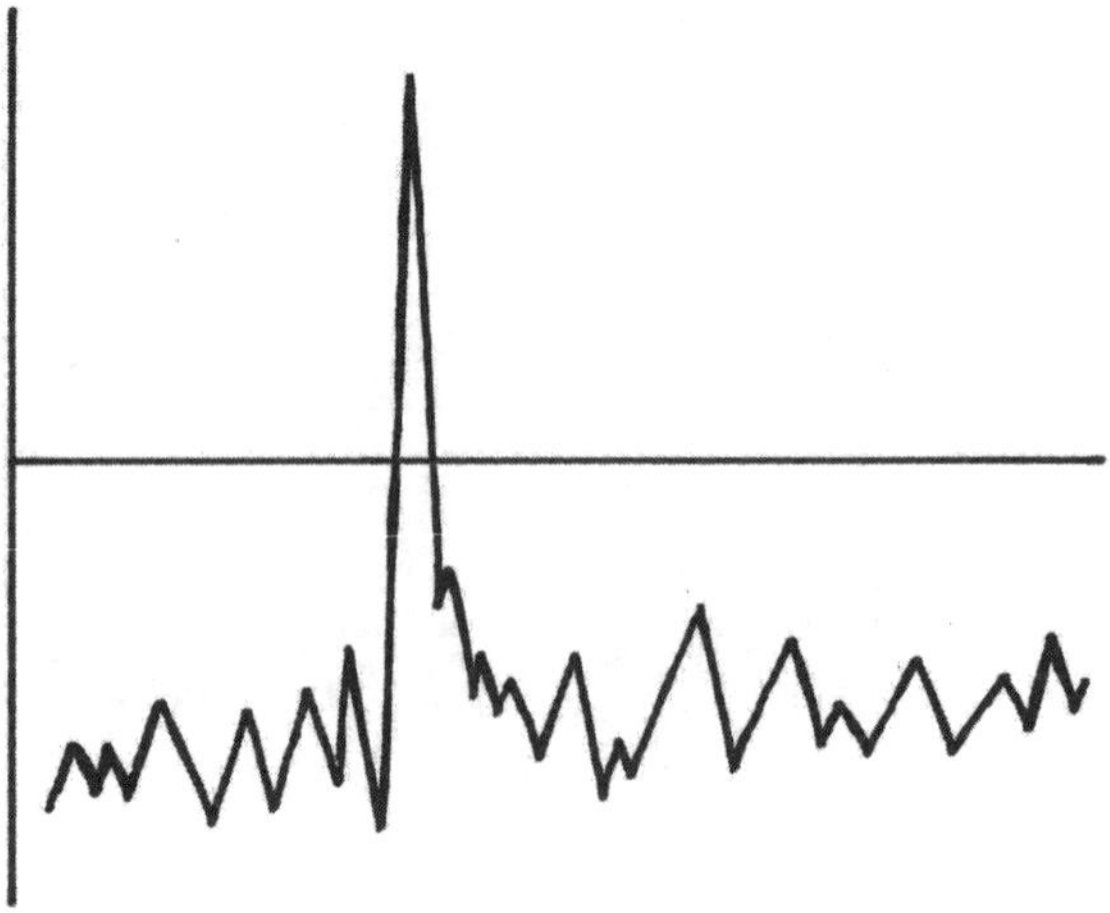

くなければいけないのですか？」と逆に尋ねたくなるからです。
「心身障害者には心の美しい人が多い」＝「心身障害者は必ず心が美しくなければならない」ではない、と言われるかもしれません。しかし、「あなたたち心身障害者には、心の美しい人が多いですね」と言われる側からしてみれば、「あぁ、俺はいつも心美しく品行方正であらねばならず、邪《よこしま》なことやスケベなことは考えたり、したりしてはいけないのかなぁ……」というプレッシャーを感じてしまうものではないでしょうか？　それは心身障害者にとって、とても不自由な生き方を強要されていることに、なりはしないでしょうか？
健常者には心の美しい人も醜い人もいる、と言われるのはなにも問題ないのに、心身障害者には心の美しい人が多い、よってその言動も美しくなければならないと決めつけるのは、健常者には認められている言論・思想・表現の自由が、心身障害者には認められていないということではありませんか？だとしたら、それこそ差別でなくて、いったいなんだと言うのでしょう。

要するに、「心身障害者には心の美しい人が多い」という、誰の耳にも聞こえのいい綺麗事を言いたがる人のほとんど——全員とは言いませんが——は、健常者として心身障害者を見下しているがゆえに、見下していることに対する罪悪感から、おべっか使っているだけなのです。それは、心身障害者に対する、同じ人間としての尊敬心から出た言葉では全くなく、その発言の本当の目的は、罪悪感に苦しめられたくないという、打算的自己保身なのです。

ここで明らかになっている問題はなにかと言いますと、心身障害者に対する差別が問題となる場面で、多くの人が論点のすり替えをしているということです。心身障害者に対する差別をなくすのはもちろん大切ですが、それは、おべっかを使って心身障害者を美化すれば良いというものではなく、健常者と障害者の間に、人間対人間としての対等な関係を築くということであるはずです。

そして、健常者と障害者の間に、人間対人間としての対等な関係が築かれるためには、人間として生まれたという、ただそれだけの事実によって、健常者であろうと障害者であろうとに関係なく、全ての人には平等な人権が天賦されている、という了解（真理認識）が必要なのです。つまり、その人の能力が優れているか劣っているかという個別的な事実と、全ての人の人権は無条件かつ平等に尊重されるべきだという、普遍的なヒューマニズム思想には、なんの関係もないのです。ですから、ある障害者の個性グラフが図4だとしても、その人はA君やB君やC君と変わらぬ人権を、先天的かつ平等に賦与されているのです。

「心身障害者には心の美しい人が多い」という、誰の耳にも聞こえのいい綺麗事（おべっか）が論点のすり替えだというのは、私たちに人権が平等に賦与されているのは、私たちが人間として生まれたという、ただそれだけの事実によって、私たちを無条件に規定する本然のはずなのに、「障害者（という人間）にも、健常者（という人間）と同等の人権が認められねばならない。なぜならば障害者には、美しい心を持っているという傑出した長所があるからだ」という論法は、条件付きの人権論になっているからです。

それが、なぜ問題かというと、「では、心の美しくない心身障害者がいるとしたら、その人には人権がないのか？」ということになってしまうからです。心身障害者は心の美しい人ばかりであり、心の醜い心身障害者は絶対にいないと科学的に証明されているなら、それでもいいのかもしれませんが、そのような事実はないと思います。それに、繰り返しますが、「心身障害者は心の美しい人ばかりだ」というイデオロギー自体が、心身障害者の言論・思想・表現の自由（生き方の自由）を奪っているのであり、差別ないし人権侵害なのです。

28 自称・差別反対主義者の欺瞞

前節では、心身障害者が持っているかもしれない美点（長所）をことさらに称揚することで、かえって心身障害者を差別しているのではないか、という話をしました。本節では、およそ差別反対主義なる陳腐なイデオロギーを標榜している人々の多く——全員ではありませんが——に見受けられる欺瞞をもう一つ、糾弾しておきたいと思います。

それは、自称・差別反対主義者たちの多くが、「自分が認知している範囲内だけで、この世の差別問題は全て語り尽されている」という錯覚に囚われていることに起因する、欺瞞です。

この地球上には今現在、無数の差別事象があるはずです。ところが自称・差別反対主義者たちは、自分が積極的に関わっている、ないし認知している具体的差別問題こそが最も重要なのであり、それ以外の差別現象はそれほど重要ではないと言っているように、私には思えてならないのです。少なくとも、私がこれまでに出会った自称・差別反対主義者たちは皆、そうでした。

もっとも、これはある意味、仕方のないことではあります。なぜならば、差別をなくそうと、どれほど意欲的かつ真摯に取り組んでいる人であっても、この世の全ての差別現象を認知し、それら全ての差別をなくすべく積極的に取り組むということは、人間の能力の限界を超えており、不可能だからです。

ただし、だからといって、たまたま自分が認知できている、少数の差別問題に真摯に取り組んでさえいれば、自分は差別反対主義者として義認されていると思うならば、それは不誠実（欺瞞）です。もしもあなたが、差別反対主義者として誠実でありたいなら、次のように考えることができていなければなりません。

「この世には無数の差別現象があることを私は知っているし、具体的な差別問題を複数、挙げることもできる。ただし、私が認知している差別問題は、今現在進行形で存在する全差別現象の、ごくごく一部の、そのまたごく一部にすぎないことも知っている。世界には、私の貧弱な認知能力によっては、知ることはおろか想像すらできない悲惨な差別が、多種多様な形で存在していることだろう。しかし、私は全知全能の神に比すれば無知無能で卑小な存在にすぎないから、世界中に存在する全ての差別現象を知悉《ちしつ》し、それらを殲滅すべく積極的に行動するなどという超人的なことは、とてもできない。もちろん、だからといって、なにもしなくていいということには当然ならないのであって、ちっぽけな私なりにできる限りのことを、無理のない範囲でやっていきたいと思う。

　そして、このように不完全な活動しかできない私は、差別反対主義者などという、大層ご立派な肩書きに値する人間では全くないことを、謙虚に認めなければならない。いや、それどころではない。差別反対を明確なイデオロギーとして真剣に考え、行動しているつもりの私もまた、どこかで必ず差別をしているという事実に、罪の意識を持たなければならない。なぜならば、全ての人間は、なんらかの形で必ず差別をしているのだから。差別を全くしない聖人君子など、絶対にいないのだから。この厳然たる事実を、私は常に自己批判的に反省しながら生きていきたい」

　このように考えることができる人こそがホンモノなのであり、前者——たまたま自分が認知できている少数の差別問題に真摯に取り組んでさえいれば、自分は差別反対主義者として義認されている、と無自覚的にもせよ思っている人——はインチキです。前者は、自らの取り組みが不完全であらざるを得ないことに十分な想像力を働かせないまま、差別反対主義という綺麗事を自己満足的に標榜しているだけだから、インチキ（不誠実）なのです。それに対して後者は、想像力を十分に働かせて己の不完全性を自己批判的に直視しながら、自分にできる範囲で差別問題に真摯に取り組もうとしているから、ホンモノ（誠実）なのです。要するに、前者は善人ぶっているからインチキ（不誠実）なのであり、後者は善人ぶっていないからホンモノ（誠実）なのです。

29 想像力

前節で確認された、およそ差別反対主義なる陳腐な——敢えて「陳腐」と言わせていただきます——イデオロギーを主張する人々が陥りがちな錯覚、ならびにそれに対する批判を、より一般的に命題化すると次のようになります。

——私たちは往々にして、自分に見えている範囲内だけで世界事象の全ては語り尽されていると思い込みがちである。しかし、それは明らかに間違いなのであり、私たち一人一人に見えている範囲など、世界事象のごくごくごく一部の、そのまたごくごくごく一部にすぎないのだ——

この、冷静に考えれば当たり前の事実を私たちが失念しがちなのは、想像力（imagination）を十分に働かせていないからです。

差別問題に対して意識を高く持つためには、被差別者の苦しみに対する思いやりの情が必要です。他者に対する思いやりとは、想像力の為せる業です。想像力の豊かな人は、苦しんでいる他人を見ると、その人の苦しみに否応なく感情移入してしまいます。すなわち、その人の苦しみを自分自身の苦しみとして感じざるを得なくなり、必然的に思いやりの情が湧き上がるのです。ところが想像力の貧しい人は、苦しんでいる他人を見ても、その人の苦しみを自分の苦しみとして感情移入的に疑似体験することが、なかなかできません。そのため、他人の不幸は「自分には関係ない」、あるいは「蜜の味」にすらなるのです。

私の個人的経験で言わせてもらいますと――これは私のみならず、ほとんどの人が同じ人生経験をしているはずですが――、子供の頃は他者にイジワルや、残酷なことを平気でしていました。それこそ、他者をイジメることに快感を覚えていたと言ってもいいくらいです。それが大人になるにつれ、そして大人になってからも歳を取れば取るほど、他者に対して――それこそ見知らぬ赤の他人に対しても――思いやりの情を自然と持てるようになってきました。それはひとえに、歳を取れば取るほど想像力が圧倒的に豊かになるからだと思います。

なぜ、歳を取れば取るほど想像力が豊かになるのかといえば、これはもう人生経験の為せる業なのでありましょう。歳を取るとは、人生経験が質・量ともに豊かに蓄積されるということです。そして、人生経験が質・量ともに豊かに蓄積されればされるほど、他人が苦しんでいる姿を見た際に、かつて自分が苦しんだ経験が感情共鳴的に思い起こされてしまい、その人の苦しみに否応なく感情移入するのです。そして、その人の苦しみを自分の苦しみとして疑似体験させられることによって、思いやりの情が必然的に湧いてくるのだと思います。

NHK教育テレビで放映されていた『中学生日記』(放映期間・一九七二〜二〇一二)というドラマで、次のようなエピソードを観た覚えがあります。それは、不登校になった女子生徒が主人公の話だったのですが、学校に行けなくなった娘に対して、慌てふためいた父親が次のように言います。

「どうして突然、不登校になるんだ⁉ 昨日までは、普通に学校に行けていたじゃないか⁉」

すると、娘は泣きながら答えます。

「突然じゃないよ! 今までだって、ずっと辛かったんだよ! 辛かったけど、我慢してたんだよ!」

この父親がどうしようもない馬鹿なのは、娘の抱え得る問題は、父親である自分に見えている範囲内で全て語り尽されているはずだと、無自覚的にもせよ思い込んでいた点にあります。しかし当然のことながら、娘の抱えている問題を全て把握している父親など――父親だけでなく母親もですが――いるはずがない、否、いてはならないのです。もしも、娘の抱えている問題を全て把握している父親がいるとしたら、「パパ、キモイ〜」と言われてしまうことでしょう。いや、第三者的立場にいる私から見ても、「マジ、キモイ」です、そんな父親。

それどころではありません。そもそも不登校になったこの娘からして、自分自身が抱えている問題の正体がなんなのか、十分に分かっていない(知らない)のです。もしもこの娘が、自分が抱えている問題の正体を全て理解している（知っている）ならば、適切な対処法を自ずと見出して、問題はとうに解決されているはずだからです。

（ついでに言っておきますと、この父親は、自分の発言が論理破綻していることに全く気付けていないという意味でも、馬鹿です。というのも、「どうして突然、不登校になるんだ？　昨日までは、ちゃんと学校に行けていたじゃないか？」と言いますが、では、突然ではなく徐々に不登校になっていれば、納得したのでしょうか？　たとえば、今日は百分の一だけ不登校になり、明日は百分の二不登校になり、明後日は百分の三不登校になる……という具合に、毎日１％ずつ不登校の度合いを増していき、百日後に完全に不登校になるというのであれば、この父親は納得するのでしょうか？　全くもって意味不明であり、馬鹿としか言いようがないと思うのですが。）

このように私たちは、親友や恋人や家族のような身近な人のことはおろか、そもそも自分自身についてすら、ほとんどなにも知りはしないのです。ましてや、世の中の、その他大勢の人々が今現在、どのような状況に置かれているかなど、知っているはずがありません。当たり前ですけどね。にもかかわらず、私たちは往々にして、自分に見えている範囲内だけで世界事象の全ては語り尽されていると、素朴（日常経験的）に思い込んでしまいがちなのです。

それが、なぜ問題かというと、先に挙げたような不誠実でインチキな差別反対主義者モドキが、跳梁跋扈《ちょうりょうばっこ》することになるからです。

30　たった一人ぼっちの被差別者

現代民主主義社会で被差別階級になるのは、常に比較的少数派です。差別者であるか被差別者であるかは、力の相対的強弱によって決まるのであり、多数決を政策決定手段とする民主主義社会では、「数は力なり」だからです。すなわち、少数派であればあるほど、多数派からの差別や陰湿なイジメのターゲットになりやすくなるのが、現代民主主義社会です。（ちなみに、北朝鮮のような非民主主義独裁社会では、この数的関係が逆転します。一目瞭然の事実として、北朝鮮では差別階級が圧倒的少数派であり、被差別階級が圧倒的多数派だからです。）

では、究極の（極限的）少数派である被差別者としては、どのような人が考えられるかと言えば、それは「たった一人ぼっちの被差別者」です。私が深く共感（同情）したいのは、あらゆる被差別者の中で最も悲惨な、この「たった一人ぼっちの被差別者」です。

たった一人ぼっちの被差別者は、被差別階級になることができません。被差別階級は比較的少数派であるとはいえ、階級という言葉が示すように集団だからです。

まず、被差別階級に属する人たちには、同じ被差別階級に属する仲間たちとの「横の繋がり」があります。そして、自分たちの階級には属さないが、自分たちを支援してくれる自称・差別反対主義者たちとの「縦の繋がり」もあります。そして、そこに差別問題がある（らしい）ことが、社会的に広く認知されています。そして私たちには、見下している相手に対しては、見下していることに対する罪悪感からおべっかを使おうとする、善人ぶったイヤラシイ自己保身的心理があるのです。

すると、どうなるかと言えば、被差別階級は弱者であることを武器にした、ある種の歪んだ権力を獲得しやすくなることになります。その歪んだ権力を悪用した詐欺犯罪を意味する、差別利権や差別ビジネスといった言葉は、皆さんもお聞きになったことがあるでしょう。

差別利権や差別ビジネスといった詐欺犯罪は、当の被差別階級に属する人々にこそ、大きな不利益をもたらします。差別利権を貪り、差別ビジネスという詐欺犯罪に手を染める一部のふとどき者のせいで、被差別階級に属する、真っ当に生きている大多数の人たちまでもが、世間から白い目で見られてしまうからです。

この問題を解決するためには、被差別階級に属する正義の人が、内部告発によってそれら悪を糺《ただ》さなければなりません。なぜならば、差別利権や差別ビジネスによって不当な利益を得るのは、被差別階級に属する人たちにとって、明らかに偽の利己主義に囚われた悪であり、それら悪を内部告発によって糾弾するのは、被差別階級に属する人たちにとって、真の利己主義に適った善、すなわち義務だからです。

なぜ、内部告発が必要かというと、外部告発だけだと、告発者に対して差別主義者の烙印が押されるという、卑怯な論点のすり替えによって、いつまでも問題が解決しないからです。

なによりも、この本の主軸テーマである善と悪の定義からして、差別利権や差別ビジネスで不当な利益を享受することは、被差別階級に属する人たちにとってこそ、偽の利己主義に囚われた悪（真の不利益）だということを、被差別階級に属する全ての人が認識し、それら不正を糺すべく行動しなければなりません。なぜならば、そうすることこそが被差別階級に属する全ての人にとって、真の利己主義に適った真の義務だからです。そして、真の義務は必ず真の権利なのです。真の義務を疎かにして（偽の権利を主張して）差別利権を貪ったり、差別ビジネスで阿漕《あこぎ》に稼いでいる人は、自分は得をしていると思っているのでしょうが、それは近視眼的な錯覚であり、大局的ないし長期的には、必ず自分たちが大損をすることになります。

まず、真の利己主義という理念ならびに偽の利己主義という概念からして、差別利権を貪っている、あるいは差別ビジネスで阿漕に稼いでいる正にその瞬間に、その人は自分ではそうと気付かずに、（魂レベルで）必ず不幸になっています。そして、進化倫理学から導き出される物質科学的な事実として、差別利権を貪ったり差別ビジネスで稼ぐふとどき者が、たとえ一部にせよ存在する被差別階級は、その構成メンバー全員の幸福度（プラス）と不幸度（マイナス）を差し引きした総計が、必ずマイナスになっています。それが、ダーウィニズム進化論から導き出される、人倫の科学的摂理だからです。

ですから、差別をなくしたいと真剣に考えるならば、被差別階級に属する人たち自身が、もしも自分たちの階級内に、差別利権や差別ビジネスといった悪があるならば、その悪を糺すべく内部告発しなければなりません。その、真の義務を果たそう（真の権利を追求しよう）とせずに、偽の権利ばかり主張し続けるならば、あるいは、自分自身はそれら不正に全く関与していないとしても、それら不正を見て見ぬふりするならば、あなたの階級に属する全メンバーは、いずれ必然的に滅びることになります。それも、滅ぼされるのではなく、自ら盲目的に滅びていくのです。それが進化の掟だからです。

話を戻しますと、たった一人ぼっちの被差別者は、たった一人ぼっちですから仲間がいません。すなわち階級を作ることができません。よって、権力を持つことができません。当然、差別利権を享受することも、差別ビジネスで儲けることもできません。（もっとも、差別利権や差別ビジネスのような悪事に手を染めることができたとしても、ますます自分を不幸にするだけなのですが。）

ここで私たちが想像力を働かせるべきは、たった一人ぼっちの被差別者は孤独だということです。彼（女）には、その苦悩に共感してくれる仲間がいないからです。そして彼（女）は、たった一人ぼっちの被差別者としての辛い思いを、周囲になかなかアピールできません。彼（女）には、弱者としての倒錯的な権力がないからです。弱者としての倒錯的な権力のない彼（女）が、被差別者としての立場をアピールしても、世間の多くの人々から、「そんなのはあなたの被害妄想だ」とか、「そう言うあなたの方こそが、あなたを差別しているという人たちを差別しているのではないか？」と言われ、なおいっそう、差別されてしまうからです。

もちろん、たった一人ぼっちの被差別者を自認する人の中には、被害妄想に囚われていたり、単なる誤解でそう思い込んでいるだけの人もいるでしょうし、故意に嘘をついている人もいるはずです。しかし、ここで重要なのは、たった一人ぼっちの被差別者は、人知れず確実にいるという事実です。それこそ、こんなことを言っている私の身近にも、そうであることを私に気付かれることなく、いるかもしれないのです。そして私は、彼（女）が、たった一人ぼっちの被差別者として苦しんでいることを、決して認知できないのです。

私が、自称・差別反対主義者たちを見ていて胡散臭く思うのは、彼らのほとんどが――全員とは言いませんが――無自覚的にもせよ事実上、こう主張しているように思えてならないからです。

――差別とは、比較的少数派集団（階級）に対する差別であり、差別反対主義者である私に認知されている範囲内で、この世の全ての差別問題は語り尽されている。よって、たった一人ぼっちの被差別者などというモノは、この世に存在しないし、仮に存在するとしても、私に認知されることのない、そのような個人の苦悩など、私の知ったことではない――

無自覚的にもせよ、このような想像力の貧しいイデオロギーに囚われている人が、ホンモノの差別反対主義者だとは、私にはとても思えないのです。

31　天才（その2）

話が横道に逸れてしまいましたが、「天才の強烈な個性」について、個性グラフという観点から、どのようなことが言えるか考えてみましょう。

天才の個性グラフは、図6～9のいずれかで表現されます。それぞれのグラフの違いがなにを

図6

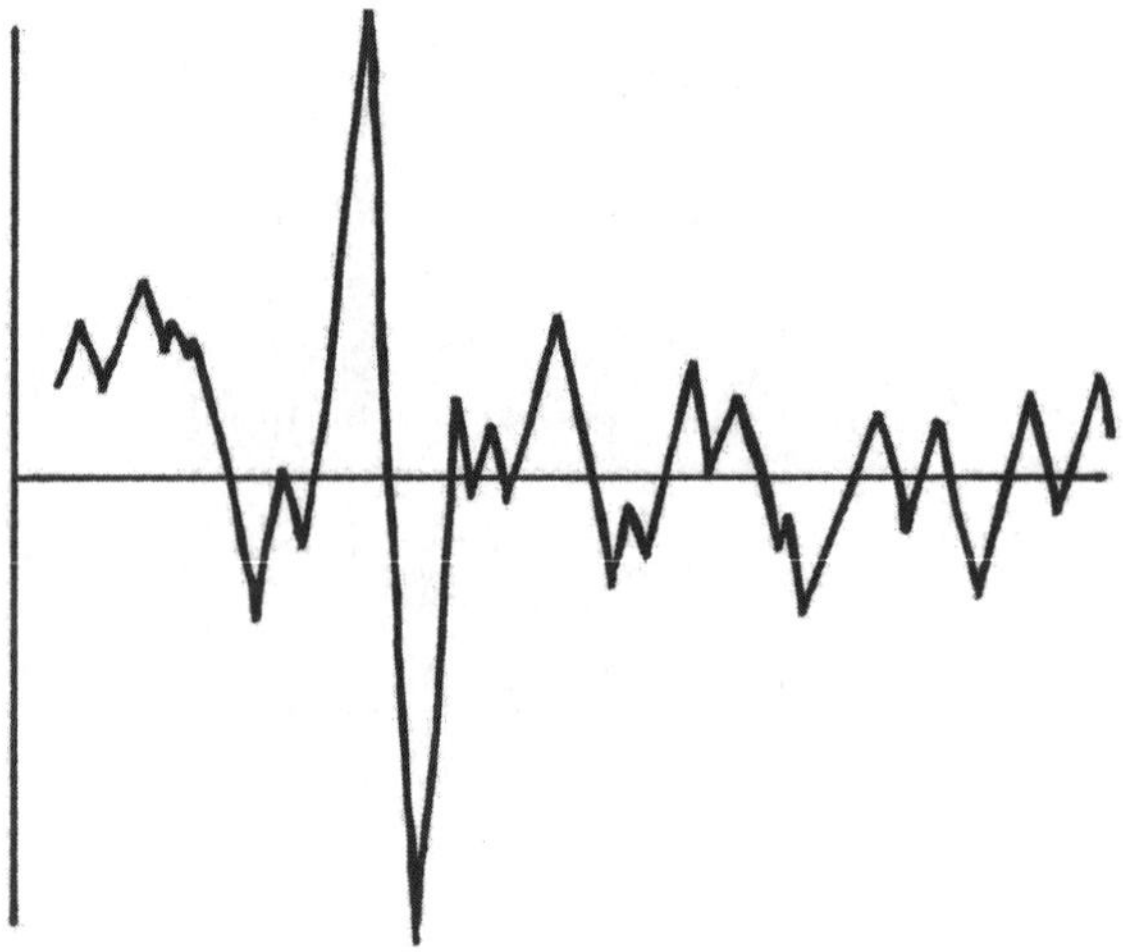

図7

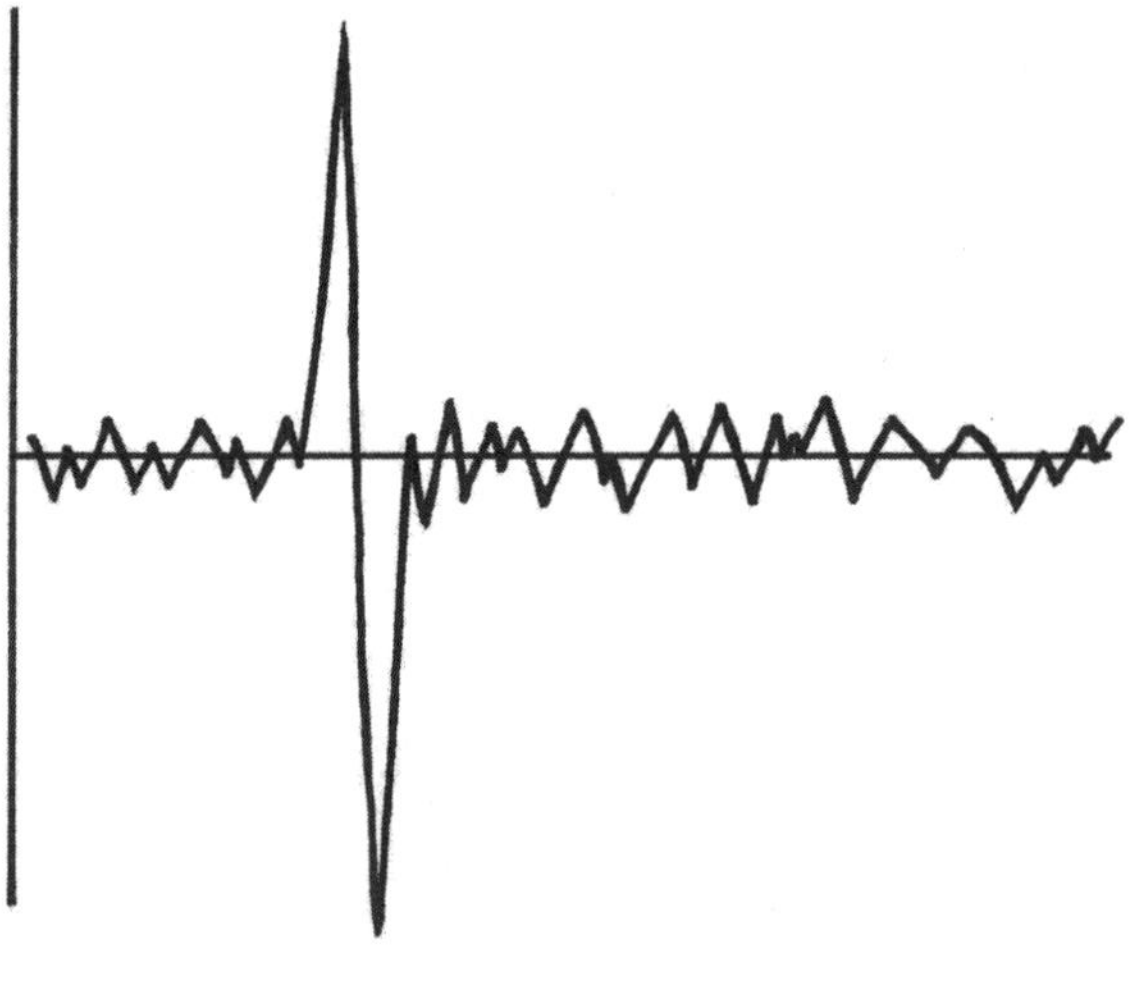

図8

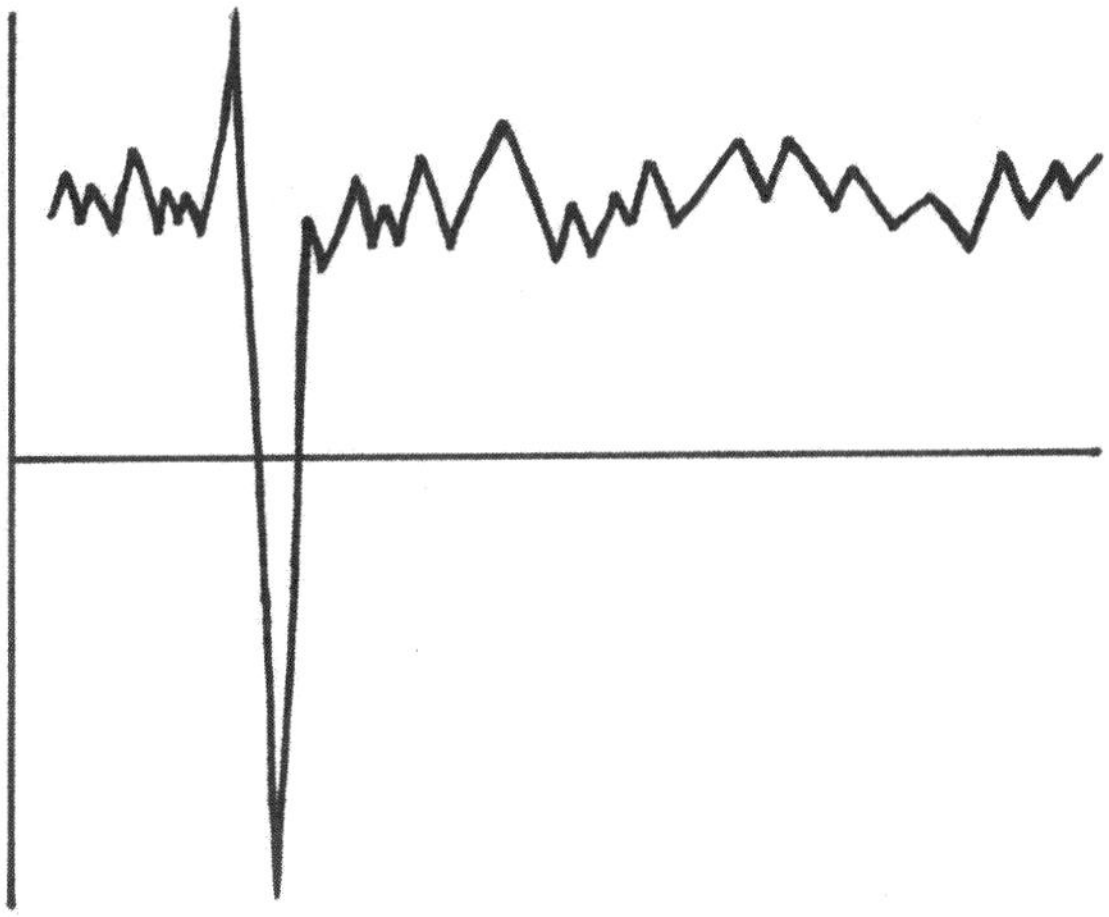

図9

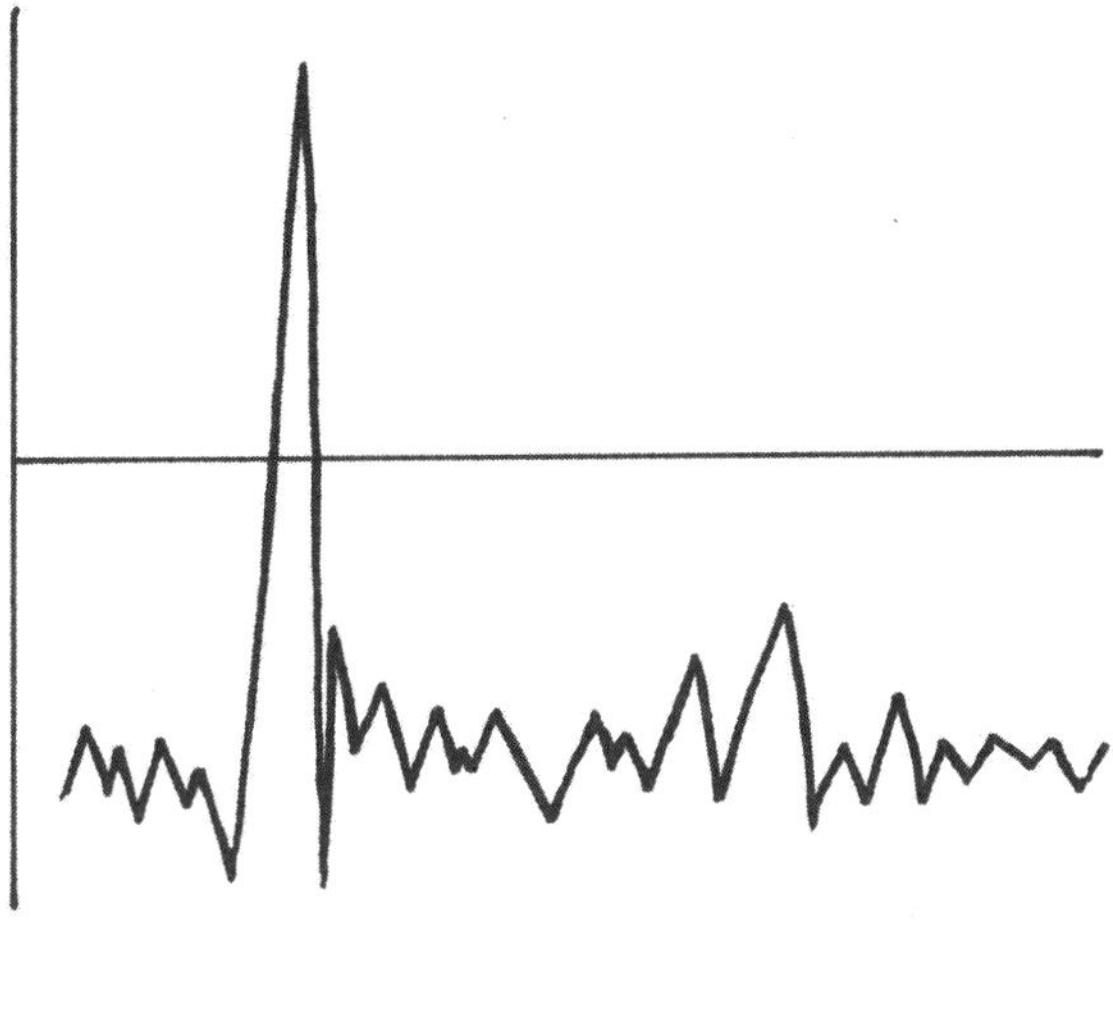

意味するかは、説明するまでもないでしょう。

これら四つのグラフの共通点として注目すべきは、極端な長所の裏返しとして、必ず極端な短所があるということです。はじめにお話しした、社会生活をスムーズに送る上での障害となる、人格上の問題を、ほとんどの天才が少なからず抱えているというのは、このマイナス方向への大きな振幅のことなのです。そしてそれは、個性グラフの能力値の総計は必ず平均点に収束するという仮説（法則）が正しいならば、天才の極端な長所に必然的に伴う、反動（裏返し）としての極端な短所ということになります。

ただし、ここで注意すべきは、図6～9に見られるプラス方向への極端な振幅（極端に大きな長所）が天才なのではない、ということです。なぜならば、天才の個性グラフに見られるプラス方向への極端に大きな振幅は、あくまでも特定の能力尺度で測った得点（量）が極端に高い（大きい）ということですが、天才が天才と呼ばれる所以は、その量的能力ではなく質的能力にこそあるからです。天才の質的能力とは、それまでに存在しなかった新しい価値を創造する能力＝独創性のことなのでした。

天才の個性グラフを見ても、そこに独創性の得点（量）は、少なくとも直接的には全く表現されていません。横軸上のどこにも独創性という能力尺度はないからです。横軸がその集合であるそれぞれの点は、あくまでも量的に測ることのできる能力尺度なのに対し、独創性は量ではなく質的能力なのだから当然です。

すなわち、図6~9のような極端に特徴的な個性グラフの持ち主だから、天才なのではないのです。図6~9のような極端に特徴的な個性グラフを持つ、しかしながら天才ではない凡人は、圧倒的少数派ではありますがいます。逆に、同じく圧倒的少数派である天才は、必ず図6~9のような、際立った様相を呈する個性グラフの持ち主なのです。

ここで示唆されているのは、天才の強烈な個性——たとえば天才画家は、一目でその人の作品と分かる、強烈な個性的表現スタイルを必ず確立しています——は、天才であることの目的ないし結果ではなく、天才であるための手段ないし過程だということです。

これは、とても重要なことです。というのも、世の多くの芸術家志望者たちが、天才の個性的表現スタイルについて、あるトンデモナイ思い違いをしているからです。それは、「歴史上の天才芸術家たちは、必ず個性的な表現スタイルを確立している。だから、俺も個性的表現スタイルを確立すれば天才芸術家になれるはずだ」という誤解です。これが、なぜトンデモナイ勘違いかというと、目的（結果）と手段（過程）が本末転倒になっているからです。天才にとって、その個性的表現スタイル——作品の表現スタイルのみならず、人格上ないし生活上の諸事万端にわたる表現スタイル（生き様）を含めて——は、目的志向的に意図して（恣意的に）作られるのではなく、自由奔放に活動（生活）していく中で、無自覚的に自然と醸成されるものなのです。それができる人が、真実の天才なのです。

では、天才の特徴的な個性グラフと独創性にはなんの関係もないのかといえば、もちろん、そんなことはありません。天才が必ず図6〜9のような極端に特徴的な個性グラフを有し、かつ同じような個性グラフを有する凡才が圧倒的少数派だという事実は、そこに密接な関係があることを意味しています。

天才の独創性の正体――その物質的ならびに形而上メカニズム――について、私には有力な仮説があるのですが、天才原理論――それは同時に芸術原理論でもあります――は、道徳哲学書である本書のテーマから大きく外れるので、詳しい解説はまたの機会に譲りたいと思います。

一つだけヒントを与えておきましょう。

天才の独創性は必ず即興的に発揮されます。そして即興性は必ず身体的即興性です。

これは、いわゆる「身体論」という考えなのですが、天才のメカニズムを解明しようとしたら、純粋思弁的（スピリチュアル）な論考――哲学者のメルロ＝ポンティはそれを、「上空飛行的観念論」という絶妙な表現で批判したのでした――だけでは駄目なのであって、地に足のついた身体論的アプローチが必要なのです。

3章——道徳の限界

1　自殺してはいけないのか？

本書の最後のテーマとして、「自殺」について考えてみたいと思います。なぜ、このテーマを本書の最後に持ってきたかと言うと、人倫界で一般的に悪だとされている所業のほとんどは、「進化倫理学」ないし「真の利己主義という理念ならびに偽の利己主義という概念」によって、それがどうして悪なのか合理的に説明できるのに対し、自殺だけは例外のように思えるからです。

まず、明確な事実として、進化倫理学によっては自殺が悪だと説明できません。

進化倫理学は、原因として善行を為せば結果として利益が自分にもたらされ、原因として悪行を為せば結果として不利益が自分にもたらされると主張しますが、原因としての自殺が悪行だとしても、結果として自殺者が不利益を被るということはないからです。不利益がもたらされるはずの時には、自殺者はもうこの世にいないのですから。この世にいない人には、利益も不利益もありません。悪行を為しても行為者に不利益がもたらされないなら、少なくとも進化倫理学によっては、それが悪だと説明できないことになります。

では、真の利己主義という理念ならびに偽の利己主義という概念によってなら、どうでしょうか？

進化倫理学と、真の利己主義という理念ならびに偽の利己主義という概念との決定的な違いは、因果応報説の科学的（進化論的）根拠付けである進化倫理学では、私の為す善行ないし悪行と、その褒賞ないし代償として私にもたらされる、利益ないし不利益との間に、必ずタイムラグがあるのに対し、真の利己主義という理念ならびに偽の利己主義という概念では、そのタイムラグが全くない（両者は全くの同一事態である）ということでした。

すなわち、私の為す善行は、それ自体が同時に私にとっての利益（幸福）だから善であり、私の為す悪行は、それ自体が同時に私にとっての不利益（不幸）だから悪だというのが、真の利己主義という理念ならびに偽の利己主義という概念だったのです。

自殺以外の悪行がなぜ悪であるかは、この理屈で全て問題なく説明されるのですが、自殺だけは事情が異なるように思います。というのも、もしも自殺が悪だとしても、自殺者は自殺と同時に死ぬのですから、自殺をすること自体が、同時に自殺者にとって不利益だという論法は、成立しないように思えるからです。

では、進化倫理学と同様、真の利己主義という理念ならびに偽の利己主義という概念によっても、自殺は悪だと説明できないのでしょうか？

いいえ、そんなことはありません。真の利己主義という理念ならびに偽の利己主義という概念によってなら、ひとまず自殺は悪だと説明できます。ただし、そのためには、自殺という行為の特殊性について、より突っ込んだ議論が必要になります。

2　自殺者が自殺すると同時に死ぬなら、自殺者は自殺できない？

まず、「自殺者は自殺すると同時に死ぬ」という表現に問題があります。というのも、もしも

「自殺者が自殺すると同時に死ぬなら、自殺者は自殺できない」というパラドクスが発生してしまうからです。どういうことかと言いますと——

あらゆる行為は、時間の流れの中で（時間の流れとともに）為されます。すなわち、あらゆる行為は、時点ではなく時間において為されます。動詞で表現される行為は全て進行形行為だからです。

たとえば、「私は走る。（I run.）」という文章は具体的に、どのような事態を意味しているでしょうか？　まず考えられるのは、「私は今、走っている。（I am running.）」ですよね。あるいは、「私は、これから走るつもりだ。（I am going to run.）」かもしれません。いずれにせよ、動詞の現在進行形ないし未来形であって、現在形ではありません。では、現在形としての「私は走る。（I run.）」という文章そのものは具体的に、どのような事態を意味しているかというと、実はこの文章、現実の事態をなにも意味していないことに、私たちは気付かされます。如何様に想像力を働かせても、進行形ではない現在形としての「私は走る。（I run.）」という現実的事態など、考えられないからです。「私は走る。（I run.）」は文法的には正しいとされる文章ですが、あくまでもそれは抽象的表現としてであって、具体的（現実的）には全く意味がない文章なのです。「走る」に限らず、あらゆる動詞について同じことが言えます。

このように、動詞の現在形を使った文章で私たちが言わんとする内容は、正しくは現在進行形ないし未来形の事態です。ただし未来形の事態は、より正確には未来進行形です。「I am going to run.」ないし「I will run.」と言う際、私は未来において走っている（I will be running.）自分の姿を想定しているからです。よって、動詞で表現される現実の事態は全て進行形ということになります。

自殺もまた行為ですから、それは時間において（時間の流れとともに）為される進行形行為でなければなりません。そして人間の行為は、あくまでも生きた人間による行為なのですから、自殺（という行為）をしている間中ずっと、自殺者は生きていなければなりません。自殺をしている途中で死んでしまったら、それは自殺を完遂できなかったということですから、自殺遂行（途中）者は、自殺ではない別の理由で死んだことになるからです。すなわち自殺遂行者は、自殺を遂行し続ける限り（自殺と同時には）自殺できないのです。

これが、「自殺者が自殺すると同時に死ぬなら、自殺者は自殺できない」というパラドクスです。

しかし、自殺者は現に自殺できて（死んで）います。自殺遂行途中者が自殺行為とは別の偶発的理由で死ぬということもあるでしょうが、ほとんどの場合、自殺完遂者は自らが主体的に選択した自殺行為によって死ぬのです。

すると、「自殺者は自殺すると同時に死ぬ」のではないということでしょうか？　たとえば、自殺者は「自殺してから死ぬ」か、あるいは「死んでから自殺する」かのどちらかだという可能性です。しかしそれだと、「死んでから死ぬ」ないし「死ぬ前に死ぬ」ということになってしまい、論理矛盾（あり得ないこと）です。

では、「自殺者は自殺を完遂すると同時に死ぬ」と考えたらどうでしょうか？　つまり「自殺する」は、「走る」や「落ちる」や「光る」と同様、進行形行為ないし現象なのですから、「自殺する」という進行形行為を終わらせる（完遂する）と同時に自殺者は死ぬ、と考えるのです。それならば、自殺者は自殺を遂行している間中ずっと生きており、自殺遂行を終わらせる（完遂する）と同時に死ぬ（死ぬことで自殺は完遂する）ということになりますから、先のパラドクスは回避されるように思えます。

ところが、ここにも問題があるのです。「完遂する（or終わらせる）」もまた、「自殺する」や「走る」や「落ちる」や「光る」と同様、進行形行為ないし現象だからです。すなわち、自殺という進行形行為を完遂するという進行形行為を遂行している間は、自殺者は生きていなければならないのです。すると、「自殺者が自殺するという行為を完遂するという行為と同時に死ぬなら、自殺（という行為を完遂するという行為）者は自殺できない」という、最初と同じパラドクスが発生してしまいます。

では、「自殺者は自殺するという行為を完遂するという行為を完遂すると同時に死ぬ」と考えたらどうかといえば――「自殺者が自殺するという行為を完遂するという行為を完遂するという行為と同時に死ぬなら、自殺者は自殺できない」という、やはり最初と同じパラドクスになるだけです。

つまり、「行為を完遂するという行為を完遂するという行為を完遂するという行為を完遂する……」という、行為を完遂する瞬間の無限微分になってしまい、行為を完遂する瞬間には永遠に辿り着けないのです。

同じことは「自殺する」に限らず、あらゆる行為について言えます。たとえば、それまで歩いていた人が歩くのをやめる（歩き終える。歩くという行為を完遂する）瞬間についても、「歩くという行為を完遂するという行為を完遂するという行為を完遂する……」という、歩くという行為を完遂する瞬間の無限微分になってしまい、一旦歩き始めたら、永遠に歩くのをやめられないことになってしまうのです。

ある行為を終える瞬間のみならず、始める瞬間についても同じことが言えます。「始める」もまた行為なのですから、ある行為を始めるためには、その行為を始めるという行為を始めなければならず、その行為を始めるためには、その行為を始めるという行為を始めるという行為を始めなければならず……という具合に、行為を始める瞬間の無限遡及になってしまい、私たちは永遠に行為を始められないからです。

つまり私たちは、今やっている行為をやめることは永遠にできず、まだやっていない行為は永遠に始められないのです。

それどころではありません。人間に限らずあらゆる生命体にとって最も基本的な行為である、「生きる」についても同じことが言えます。生命体が生きるという行為を始める（誕生する）ためには、生きるという行為を始めるという行為を始めなければならず、生きるという行為を始めるという行為を始めるためには、生きるという行為を始めるという行為を始めるという行為を始めなければならず……という具合に、生きるという行為を始める（誕生する）瞬間の無限遡及になってしまうからです。自殺以外の理由で「生きるという行為をやめる（死ぬ）」瞬間についても同じです。

要するに、私たち生命体は、あらゆる意味で生きるという行為を完遂する（死ぬ）ことが永遠にできませんし、まだ生きて（誕生して）いない生命体が、生きるという行為を始める（誕生する）ことも永遠に不可能なのです。

しかし、現に生命体は誕生して、いつか必ず死にますし、生きている生命体は、ある行為を始めたりやめたりできています。このパラドクスは、どう解決されるでしょうか？

すでにお気づきの方もいらっしゃるかと思いますが、実はこれ、いわゆる「ゼノンのパラドクス」です。より正確には、ゼノンが提起した「運動に関する四つのパラドクス」の中の「アキレスと亀のパラドクス」です。よって、アキレスと亀のパラドクスが詭弁（屁理屈）であることが確認されれば、「任意の行為を始めることは永遠にできない」ならびに「任意の行為をやめることは永遠にできない」というパラドクス、ひいては「自殺者が自殺という行為を完遂すると同時に死ぬなら、自殺者は永遠に死ぬことができない」というパラドクスも解決されることになります。

3　アキレスと亀

足の速いアキレスと歩みのノロい亀が、100m徒競走をするとします。ただし、普通に横一列に並んでよ〜いドン！したら、アキレスがぶっちぎりで勝つに決まっていますから、ハンデをつけます。アキレスのスタート地点を、亀のスタート地点の後方50mにするのです。つまり、100メートル走といいながら、アキレスは150m走らなければならないという、とんでもないハンデをつけるのです。それでも、アキレスは必ず勝つはずです。なぜなら、亀が100m走る（歩む）のにかかる時間よりも、アキレスが150m走るのにかかる時間の方が圧倒的に短いからです。ところが、アキレスは亀に永遠に追いつけないとゼノンは言います。それは次のような（屁）理屈です。

よ〜いドン！で駆け出したアキレスは、あっと言う間に亀のスタート地点に到着します。しかし、アキレスがどれだけ俊足であろうと、テレポーテーション能力があるわけではないのだから、アキレスが亀のスタート地点に到着した時には、鈍足の亀でも多少は先へ進んでいます。この時の亀の位置をP1点とします。で、その時アキレスは0点（亀のスタート地点）にいますから、そのまま走り続けてP1点を目指すことになります。しかし、0点からP1点までの距離（その時点でのアキレスと亀の差）が、最初の50メートルに比べてどれだけ短かろうと、アキレスが0点からP1点に到達するまでには、やはりいくばくかの時間がかかります。すると、その間に亀はさらに先のP2点に進んでいますから、アキレスはまだ亀に追いつけていません。そこでアキレスは、そのまま走り続けてP2点を目指すことになりますが、アキレスがP2点に到着した時には、亀はP３点に進んでいるのだから……という具合に、両者の差はどんどん狭まっていきますが、アキレスが亀に追いつくことは永遠にないのです。しかし現実には、アキレスは亀に必ず追いつき追い抜くことができることを、私たちは知っています。すなわち、理屈と現実が矛盾しているのです。これが、「アキレスと亀のパラドクス」です。

もちろん、このパラドクスは現実が正しくて理屈が間違っているのです。では、この理屈のどこが間違っているかというと、アキレスと亀の徒競走は科学的物質界における出来事（現象）なのに、数学的イデア界でのみ妥当する理屈が、科学的物質界でもソックリそのまま現象するとされている点です。確かに、科学的物質界の現象のほとんどは、数学の言葉で擬似的（蓋然的）に記述可能ですが、あくまでもそれは、科学的物質界における現象（現実）が先なのであって、数学の言葉は現象を法則的に説明する道具として有用なのです。ところが、アキレスと亀のパラドクスでは、そこが倒錯しており、数学的イデア界でのみ成立する理屈が、ソックリそのまま科学的物質界でも現象するはずだとしているから、おかしな話になるのです。

もっとも、数学的イデア界で成立する理屈が、ソックリそのまま科学的物質界で現象する（ように見える）ことがあるのも事実です。たとえば「1+1=2」という算術式を先に考えて、それに対応する次のような事態を現象させることはできます。

「その場には初め一人しかいなかったが、もう一人やってきて都合二人になった」

ただし、全ての算術式に対応する事態を必ず現象させられるわけではないのです。たとえば「1

÷2=0.5」という算術式がありますが、「その場には初め一人の人間がいたが、彼を二分割したら0.5人になった」という現実はあり得ません。

それと同じで、アキレスと亀のパラドクスは、数学的には妥当するが、物質界では対応する事態のあり得ない理屈が、物質界でもそのまま現象するはずだと強弁しているから、詭弁（屁理屈）なのです。

アキレスと亀のパラドクスを数学的にもう少し詳しく表現すると、次のようになります。

アキレスの走る速度を秒速50m、亀の歩む速度を秒速1mとします。（アキレスも亀も、そんなに速く走れるわけがないだろう！などとツッコまないでください。あくまでも、話を分かりやすくするための仮の数値です。現実のアキレスと亀が走るスピードがどうであろうと、話の本筋に変わりはありません。あと、よ〜いドン！した時点から勝負が決するまで等速で走り続けるということも、現実の生命体の運動としてはあり得ませんが、それも無視します。）1秒後にアキレスは、亀のスタート地点に到着します。しかし、その時には亀は1m先に進んでいますから、当然のことながらアキレスは亀に追いついていません。で、それから1/50秒後にアキレスは、1/50秒前（よ〜いドン！して1秒後）に亀がいた地点に到着しますが、その時には亀はさらに1/50m先に進んでいますから、アキレスはまだ亀に追いつけていません。そこで、アキレスは1/50÷50秒後に、1/50÷50秒前に亀がいた地点に到着しますが、その時には亀はさらに1/50÷50m先に進んでいるのですから、アキレスはまだ亀に追いつけていません。そこで、さらにアキレスは1/50÷50÷50秒後に、1/50÷50÷50秒前に亀がいた地点に到着しますが、その時には亀はさらに1/50÷50÷50m先に進んでおり……という具合に、両者の差は無限小へと収束していきますが、アキレスは亀に永遠に追いつくことができないのです。あるいは、無限小数＝1－0.9999…＝1－0.33333…×3＝1－1/3×3＝1－1＝0なのだから、アキレスは亀に追いつくことができると言っていいのかもしれませんが、追い抜くことはできないのです。

この理屈、数学的にはなにも間違っていません。しかし、現実の事態とは矛盾するのです。それは、数学的イデア界で妥当する理屈が、科学的物質界でそのまま現象するわけではないからです。

中学か高校で教わったはずですが、数学の世界では、数も空間も無限に分割できます。たとえば、数直線上の目盛り1と2の間には、無限個の有理数点ならびに無理数点があります。これは、数学的イデア界には「無限小」が存在するということです。

ところが、科学的物質界は、時間的にも空間的にも無限小分割され得ない（科学的物質界に無限小はない）のです。私たちが生身で生きている科学的物質界（形而下感性界）を、どこまでも微小時空へ還元していったらどうなるか、を考えるのが素粒子物理学ですが、現代素粒子物理学では、この世界には、それ以上短い（分割された）時間ならびに空間を考えることに意味がなくなる、素粒子的究極微小時間単位ならびに空間単位があることが、分かっているからです。

アキレスと亀の競争を数学的に考えると、現実と齟齬が生じて（パラドクスが発生して）しまったのは、アキレスと亀が現実に競争するのは、数学的イデア界ではなく科学的物質界なのに、科学的物質界が数学的イデア界のように、時間的にも空間的にも無限小分割されると考えたからなのです。

素粒子物理学の知見に反して、もしも科学的物質界が時間的にも空間的にも無限小分割可能だとしたら、アキレスと亀のパラドクスは、パラドクスではなく現実になってしまいます。つまり、アキレスは亀に永遠に追いつけないことになってしまいます。それは、時間が進行しないということです。時間が進行するとは、ある瞬間から次の瞬間へ移行するということですが、ある瞬間と次の瞬間の間に無限の瞬間があるならば、それら無限の瞬間を全てクリアするには無限の時間がかかりますから、いつまで経っても、ある瞬間から次の瞬間へ移行できないからです。

しかし、現に時間は進行していますし、アキレスは亀に追いつき追い越すことができます。それは、私たちが生身で生きている形而下物質界が、数学的イデア界のようには無限小分割され得ないからなのです。

数学は、現象を法則的（科学的）に記述する道具として絶大な威力を発揮しますが、少なくとも科学（現象記述）の世界では、先行する（優位にある）のは、あくまでも現象（現実）なのです。数学理論どおりの事態がソックリそのまま現象するのではなく、現象界の法則を科学的（蓋然的）に記述する道具として、数学は有効に用いられるのです。

4　任意の行為を始めることもやめることもできない、というパラドクスの解答

さて、亀は競争している間中、秒速1mで等速直線運動しているのですから、亀を基準とする慣性系で考えれば、アキレスは50m前方で静止している亀に向かって、秒速49mで走っていくことになります。つまり、アキレスと亀のパラドクスは、「前方に静止している亀に向かって走っていくアキレスは、亀がいる地点に永遠に到達できない」というパラドクスと同義です。より単純に表現すれば、「アキレスが一人で50m走をしても、アキレスは永遠にゴールできない」というパラドクスと同義です。これすなわち、50m走に限らず「いかなる行為も完遂する（やめる）ことは永遠にできない」というパラドクスです。

よって、「任意の行為をやめることは永遠にできない」というパラドクス、ひいては「自殺者が自殺という行為を完遂すると同時に死ぬなら、自殺者は永遠に自殺できない」というパラドクスは、アキレスと亀のパラドクスが詭弁だとされたのと同じ理由で、詭弁だということになります。

ちなみに、「任意の行為を始めることは永遠にできない」というパラドクスは、アキレスと亀のパラドクスの変形版である、次のようなパラドクスを考えることで、その詭弁性が明らかになります。

——アキレスと亀が、ハンデなしに横一列に並んでよ～いドン！しても、アキレスは亀より速く走ることはできない。なぜならば、徒競走を開始する（走り始める）ためには、走り始めると

いう行為を始めなければならず、走り始めるという行為を始めるためには、走り始めるという行為を始めるという行為を始めなければならず、走り始めるという行為を始めるという行為を始めるためには、走り始めるという行為を始めるという行為を始めるという行為を始めなければならず……という具合に、走り始める瞬間の無限後退になってしまい、いつまで経っても、実際に走り始めることができないからである。同じことは亀にも言える。よって、アキレスと亀は永遠にスタートライン上で横一列のままであり、当然のことながら、アキレスは亀より速く走ることができない——

この場合も、スタートと同時に亀は秒速1mで等速直線運動するのですから、亀を基準とする慣性系で考えれば、よ〜いドン！と同時にアキレスは、静止している亀に対して秒速49mで走り出すことになります。つまり、この場合のアキレスと亀のパラドクスは、「亀と横一列に並んだスタート地点から、アキレスは永遠に走り出すことができない」というパラドクスと同義です。より単純に表現すれば、「アキレスが一人で徒競走しようとしても、アキレスは永遠にスタートできない」というパラドクスと同義です。これすなわち、徒競走に限らず「いかなる行為も始めることはできない」というパラドクスです。

そして、以上のアキレスと亀のパラドクスの変形版も、オリジナル版と同様、数学的イデア界と科学的物質界を混同した詭弁なのですから、「任意の行為を始めることは永遠にできない」というパラドクスは、アキレスと亀のパラドクスの変形版が詭弁だとされたのと同じ理由で、詭弁だということになります。

5　解脱の苦しみとしての自殺

なんでこんな話をしているかというと、進化倫理学によっては悪だと説明できない自殺が、真の利己主義という理念ならびに偽の利己主義という概念によってなら、悪だと説明できることを示さんがためなのでした。そして、そのためには、自殺という行為の特殊性を考える必要があったのです。その特殊性とは、自殺以外の全ての行為が、生きることを目的とする行為なのに対して、自殺だけは、死ぬことを目的とする行為だという点にあります。

そして、進化倫理学も、真の利己主義という理念ならびに偽の利己主義という概念も、あくまでも生きている人間にとってのみ意味のある道徳メカニズムなのですから、その行為と同時に死ぬ（死ぬことを目的とした行為である）自殺だけは、進化倫理学によってはもちろんのこと、真の利己主義という理念ならびに偽の利己主義という概念によっても、悪だと説明できないのではないか、という疑問が出てきたのです。

この疑問に対しては、人間の行為は全て進行形行為であり、自殺も例外ではないのだから、自殺者が自殺と同時に死ぬというのは間違いであって、自殺者は自殺という進行形行為を完遂すると同時に死ぬのだと考えれば問題ないだろう、という反論が提出されました。すなわち、自殺という進行形行為中は、自殺者はまだ生きているのだから、そこに真の利己主義という理念ならびに偽の利己主義という概念を適用することは、問題なくできるだろうというのです。

しかし、だとすると今度は、アキレスと亀のパラドクスと同じ理屈で、「自殺者が、自殺という行為を完遂すると同時に死ぬなら、自殺者は永遠に自殺できない」というパラドクスが発生してしまうのでした。

このパラドクスは、アキレスと亀のパラドクスが詭弁だとされたのと同じ理由で、詭弁であることが確認されました。よって、自殺者は自殺という進行形行為を完遂すると同時に死ぬ（死によって自殺という進行形行為は完遂する）ということで、理論的（現実的）になにも問題ないことになります。

したがって、真の利己主義という理念ならびに偽の利己主義という概念によってなら、自殺は悪だと合理的に説明できることになります。他者に利益をもたらす行為は必ず同時に自分にも利益をもたらし、他者に不利益をもたらす行為は必ず同時に自分にも不利益をもたらすという、真の利己主義という理念ならびに偽の利己主義という概念が正しい（人倫界の摂理である）なら、自殺は他者、特に近親者を絶望的なまでに不幸にし、その心に生涯癒えることのない傷を負わせるという事実があるのですから、それは自殺者本人にとっても、自殺という進行形行為を遂行している正にその過程において、この上ない不利益（不幸）のはずだからです。

以上をもちまして、自殺が悪であることは、ひとまず十全に説明されたと言っていいでしょう。

しかしそれは、自殺が悪であることが理論的に説明されたというにすぎません。自殺という問題の核心は、まだ全く解決していません。

というのも、自殺以外の悪事と自殺とでは、やはり事情が決定的に異なるからです。自殺以外の悪事を為した場合は、その後も私たちは、悪事を為した記憶とともに生き続けますが、自殺という悪事を為した場合は、その完遂と同時に私たちは死んでしまうからです。つまり、自殺以外の悪事を為した代償として自らにもたらされる不幸は、事後も一生涯続くのに対して、自殺遂行者がその代償として不幸を被ることになるのは行為中のみであり、事後、続くことがないのです。

そのため、自殺志願者に対して、「自殺という行為をしている、正にその過程（自殺遂行途中）において、あなたはこの上なく不幸になるから、自殺は思い止まるべきだ」という、真の利己主義という理念ならびに偽の利己主義という概念に則った正論には、説得力（自殺抑止効果）がほとんどないように思います。

そもそも、自殺遂行者自身が、自殺という行為選択が自らにとって最悪の不幸だということを重々承知の上で、それでも、生きることに対する救いようのない絶望・苦悩からの死による解放を、せめてもの魂の安らぎの可能性として希求するがゆえに、短時間の精神的ならびに肉体的な苦痛を伴う自殺という悪行を、敢えて選択するのではないでしょうか？　すなわち、自殺以外の全ての悪事が、偽の利己主義に囚われた自己中心的な利益獲得を目論んだ行為なのに対し、自殺は、耐えがたい不利益からの自己中心的な解脱を企図した行為なのです。

そう考えると、自殺者にとって、自殺という行為選択に伴う短時間の不幸（苦痛）は、産みの苦しみならぬ解脱の苦しみなのだとして、自殺は肯定的かつ消滅的な実存投企である、という解釈も可能なのではないでしょうか？

6　自殺で不幸になるのは誰か？

本書は論文ではなくエッセイであり、形式に囚われることなく自由な随想スタイルで書かれています。それは音楽に喩えるなら、ソナタ形式で書かれた曲ではなく、即興曲ないし幻想曲のようなものです。しかし、いくら自由な随想スタイルといっても、即興曲や幻想曲がそうであるように、この本にも主題とモチーフがあります。

まず、この本は道徳哲学書なのですから、人間にとっての善／悪を論じることが主題になっています。私たちが善／悪を論じるのは、社会から悪（不幸）をなるべく少なくし、善（幸福）をなるべく多くするためです。善／悪が明確に定義されてこそ、言い換えれば、善が善であり悪が悪であるとされる理由が明らかになってこそ、理性ある全ての人々は自ずと悪を避け、善を志向するようになるはずだからです。

そして、この本の主旋律として私が唱道するモチーフが、「真の利己主義という理念ならびに偽の利己主義という概念」だったのです。それは、人倫の合目的性（掟ないし摂理）についての、次のような洞察でした。

――私にとって真の利益であることは、必ず他者にとっても真の利益であり、私にとって真の不利益であることは、必ず他者にとっても真の不利益である。真の不利益は、偽の利益の仮面を被って私たちを欺くことがある。いわゆる悪い意味での利己主義がそれである。悪い意味での利己主義者は、他者に不利益を被らせることで、自分だけが利益を得たつもりになっているが、それは錯覚なのであり、実は悪い意味での利己主義者は、他者に不利益をもたらすことによって、自分自身こそが最も大きな不利益を被っている。そのため、悪い意味での利己主義は偽の利己主義と呼ばれる。偽の利己主義の反対が真の利己主義である。真の利己主義に則った言動は、必ず己に真の利益をもたらすと同時に他者にも真の利益をもたらすから、それは善い利己主義である。よって、善行とは私にとっても他者にとっても利益となる言動のことであり、悪行とは私にとっても他者にとっても不利益となる言動のことである――

自殺以外の全ての悪行は、自分自身こそを不幸にする、偽の利己主義に囚われた愚かな行為だからやめるべきだ、という論法には十分な説得力があると思います。ところが自殺についてだけは、その論法が説得力を持たないように思われるのです。

というのも、自殺志願者が自殺という行為を選択・実行することに伴う、この上なく大きな、しかしながら短時間の不利益は、自殺志願者が自殺せずに絶望の中で生き続けることに伴う、この上なく大きな、しかも長期間にわたる不利益から解放されるために必要な、解脱の苦しみなのだと言われたら、私たちにはもう、自殺志願者に自殺を思い止まらせる手立てはないように思えるからです。

もちろん、自殺者に近しい人、特に家族にとって、親子兄弟姉妹の自殺は、耐えがたい精神的苦痛をもたらす大不幸ですから、真の利己主義という理念ならびに偽の利己主義という概念に照らして、自殺が悪であることは疑いようがありません。

人の死に方を、遺された者にとって比較的納得のいくものから、納得のいかないものへと列挙すると、老衰死・病死・事故死・処刑死・被殺害死・自殺、となるかと思います。もちろん、これは大雑把な区分であり、実際には、年老いての病死と子供の病死とでは意味が異なりますし、自然災害による事故死か人為的な過失による事故死かでも意味が異なりますし、民主主義社会で正当な裁判の手続きを踏んだ上で処刑されたのか、非民主主義社会で権力者の都合で粛清されたのかでも意味が異なりますし、苦痛の少ない殺され方をしたか、残虐な殺され方をしたかでも意味は変わってくるでしょう。その他にも状況・条件の違いはいくらでも挙げられるでしょうが、ここで重要なのは、遺された者にとって自殺だけは、全く異次元レベルで救いようのない大不幸だということです。自殺とその他の死、たとえば被殺害死との間には、それこそ死刑と終身刑ほどの隔絶、否、断絶があります。

それは、その死の意味について、自殺者と遺された者の間でコミュニケーションが断絶しているからです。その断絶は、特に遺書がない場合、遺された者の心に、「自殺を止められなかったのは、自分のせいではないのか?」という、決して贖《あがな》われることのない罪悪感を刻みつけます。遺された者が苛まれ続けることになる、この、決して贖われることのない罪悪感のあるなしが、自殺と自殺以外の死の間に横たわる断絶の正体です。

自殺以外の悪事の場合は、罪悪感に苦しむ（という罰を受ける）べきは、当然のことながら悪事を為した側です。ところが自殺の場合は、（自殺という）悪事を為された側（遺族）が罪悪感に苦しめられるという、倒錯的な事態になっているのです。しかも、自殺以外の悪事の場合は、悪事を為した側が事後、自らの行いを深く反省し心から謝罪することで、罪悪感という不幸が贖われる可能性は残されていますが、自殺の場合は、悪事を為した側が事後、自らの行いを反省し謝罪する可能性は閉ざされているのですから、その不幸は決して贖われないのです。

ことほどさように、遺された者に決して贖われることのない罪悪感を与え続ける自殺が、真の利己主義に反しており、偽の利己主義に囚われた極悪行為であることは疑いようがありません。しかし、その一方で、自殺者にとって自殺は、生き続ける限り救われる可能性がない（と信じ込まれている）、苦悩・絶望からの解放を目論んで為される実存投企だというのも、また事実なのです。だとすると、私たちが自殺志願者を必死で止めようとする時、そこには次のような利己的な動機があるのではないでしょうか？

「あなたには自殺して欲しくない。なぜならば、あなたが自殺すると私が不幸になるからだ。その不幸を私はこれから一生、背負っていかなければならないからだ。それは私にとって大きな不利益だ。だからお願いだ、自殺しないでくれ。もちろん、自殺しなければ、あなたは生きることの不幸をこれからも背負い続けることになるわけだが、私にとって最も重要なのは、私が不幸になるかならないかなのだ。あなたが不幸であるかないかは私にとって、どうでもいいとまでは言わないが、あくまでも二の次の問題なのだ」

つまり、自殺志願者を私たちが必死になって止めようとするのは、自殺志願者を不幸にしたくないからではなく、自分が不幸になりたくないからなのです。だとしたらそれは、自分が不幸にならないために、他者には不幸であり続けて欲しいということですから、そのような、自分さえ良ければ他人はどうなってもいいという考えは、真の利己主義に反しており、偽の利己主義に囚われた悪ではないでしょうか？

7　無縁自殺

それと、自殺は遺された者に、決して贖われることのない罪悪感という大不幸をもたらすから極悪だと言いましたが、では、その人が自殺しても、誰も悲しんだり心を傷つけられたり罪悪感に苛まれたりすることのない、天涯孤独な人の場合はどうでしょうか？　その人が自殺しても、誰も悲しんだり心を傷つけられたり罪悪感に苛まれたりすることがないなら、それは悪ではないことになるのではないでしょうか？

他人に全く迷惑をかけない自殺などあり得ない、と思われるかもしれません。たとえば、遺体処理や身辺整理を役所が代行するとして、役人の給料は私たちの税金で賄われているのですから、余計な税金を使うことになるという意味で、天涯孤独な人の自殺だって、私たちに多少なりともの迷惑をかけていることになります。

しかしそれは、自殺者が自殺するまでに味わったであろう甚大な不幸に比べれば、あくまでも多少なりとも迷惑にとどまるはずですし、それを言ったら、自殺以外のどんな死に方だって、遺された者ないし社会に、必ずなんらかの迷惑をかけているのです。

いや、そもそも私たちは皆、他者（社会）に多少なりとも迷惑をかけながら、生きているのです。だとしたら、天涯孤独な人が、生きるのが辛くてしょうがないというなら、なるべく早く自殺した方が善いということになりはしないでしょうか？　だって、その方が生涯にわたって当人が味わう不幸の総量も、社会に与える迷惑の総量も、ずっと少なくなるのですから。それは、真の利己主義という理念ならびに偽の利己主義という概念に照らして、より正しい（比較的マシな）行為選択のように思われるからです。

8　誠実な真理探究

ここまで読んでこられた皆さんは、私が自殺を奨励していると思われたかもしれませんが、それは誤解です。私だって、自殺のような、この上ない不幸はなくしたいのです。自殺のような悲惨な不幸は、あってはならないと強く思っているのです。ではなぜ、天涯孤独な人の自殺は悪ではない、などという話をしたのかと言いますと、あくまでも理屈としてはそう言えてしまうのではないか？ということです。私の感情的本心としましては、むしろ天涯孤独な人の自殺（無縁自殺）こそが、あらゆる自殺の中で最もやり切れない、悲惨な不幸だと思っています。

ただし、だからといって、誰の耳にも聞こえのいい、しかしながら合理的な根拠の全く示されていない、ありふれた綺麗事だけは言いたくないのです。誰の耳にも聞こえのいい、ありふれた綺麗事とは、たとえば「自殺だけはしてはいけません」とか、「命の大切さを学びましょう」といった、生徒に自殺者が出る度に校長先生が宣う、あの定型文句です。

もっとも、人の命は大切であり、自殺はいけないことだというのは、そのとおりだと思います。ただ、どうしてそうなのかを、合理的に説明すべきだと私は強く欲求するのです。なぜならば、私は哲学者（真理探究者）だからです。

哲学者は、「それは常識的にそうだとされているから、そうに決まっているんだ」という常識盲信主義に陥ってはならないのです。もちろん、反抗期の子供ではないのですから、なんでもかんでも常識に反対すれば良いというものでもありませんけどね。正しい常識もあるからです。しかし、間違っている常識もあるのです。私ども真理探究者の任務は、正しい常識については、なぜそれが正しいのかを、間違っている常識については、なぜそれが間違っているのかを、それぞれ合理的に説明することにあります。

ですから、もしも哲学的思索の結果、「人の命は大切なものでは全くなく、自殺しても一向に構わない（自殺は悪ではない）」という、非常識な答えが導き出されたなら、私はその背徳的（？）な教えを世に広めなければならないのです。

あるいは、「人は積極的に自殺すべきだ（自殺することは善だ）」という結論が導き出されたなら、私は、その背徳的（?）な教えを、全力をもって世に広めなければならないのです。いや、そもそも私自身が先陣を切って、その教えを実践しなければならないのです。

もっとも、世の人々のほとんどは、そのような非常識な教えには従おうとしないはずです。では、私一人だけが、自ら導き出したその教え（道徳的真理命題）に従って自殺すれば良いのでしょうか？　しかしそれだと、自殺するという善行によって私一人が幸せになれれば、その他大勢の人々が、自殺しないという悪行に手を染め続けることで不幸なままの一生を送っても、私の知ったことではないという、無責任主義になってしまいます。それは私にとって、真の利己主義に反しており、偽の利己主義に囚われた悪ではないでしょうか？　すると私は、まずは他の人々（全人類）を無理矢理に自殺させて（ポアして）あげてから、最後に自分も自殺すべきだということでしょうか？

断っておきますが、私は今現在、「人は自殺すべきだ」などというイカれた思想は全く持っておりませんし、哲学的思索の結果、そのような答えが導き出されたというわけでもありません。

私がここで言いたいのは、真理探究者にとって最も重要なのは、結論（答え）ではなく、結論に至るまでの「過程」だということです。真理探究者にとって結論がなんであるかは、実はどうでもいいことなのです。真理探究者にとって重要なのは、その結論が導き出されるまでの思索過程が、徹底的に誠実であるということだけだからです。ですから、誠実な真理探究の結果、導き出された結論がどれほど非常識なものであろうと、真理探究者はその結論を理性的に受け入れ、特にそれが道徳命題であるなら、そのとおりに実践しなければならないのです。

9　民主主義の条件

真理探究にとって重要なのは、結論がなんであるかではなく、結論に至るまでの思索過程が徹底的に誠実であることだと言いましたが、同じことは民主主義についても言えます。民主主義もまた、どのような政策が選択されるかではなく、どのように政策が選択されるかという、手続きの問題だからです。その手続きが、人民主権思想に照らして徹底的に誠実であることが、民主主義の最重要（絶対）条件なのです。

具体例を挙げますと、福島原発事故以来、日本の原子力政策はどうあるべきかの議論が熱く闘わされていますが、結論として日本の原発政策をどうするか——推進か現状維持か漸次縮小か即時撤廃か——は、民主主義とはなんの関係もありません。国がいかなる原発政策を選択するかではなく、国民を主権者とするその選択が、徹底的に誠実な民主主義的手続きを踏んだものであることが、民主主義の絶対条件だからです。ですから、徹底的に誠実な民主主義的手続きを経た上で採択された政策が、どれほど非常識だ（間違っている）と主観的に思われたとしても、民主主義者は、その政策を理性的に受け入れなければなりません。

ただし、民主主義社会では「言論・思想・表現の自由」が保障されているのですから、国家

（国民）が間違った（悪の）方向に進んでいると思うなら、自由な言論活動によって、国家（国民）の過ちを正すべく、一人一人が努力すれば良いのです。特に、今はインターネットがあるのですから、誰もが自由な情報発信者になれます。

かつてインターネットのなかった時代は、大衆が知り得る情報の唯一のゲートキーパーとしての特権（第四の権力）を、マスコミ（オールドメディア）がほしいままにしていました。しかし、今やインターネットの普及によって、マスコミ（オールドメディア）の権勢は衰退の一途を辿るばかりです。それもそのはず、インターネット民主主義によって大衆は知ってしまったからです。旧来型マスコミが、自分たちの偏ったイデオロギーを正当化するために、ないし特定集団からの圧力に屈して、あるいは利害関係から、編集操作された報道ばかりしていた（している）ことを。いや、それどころか、ありもしない全くの嘘までも捏造報道し、大衆を洗脳しようとしていた（している）ことを。

ですから、もしも国家ないし社会ないし世論の趨勢が間違った方向に進んでいると思ったなら、インターネットを使って意見を発信し、世の中を変えるべく努力すべきなのです。それをせずに、世の中が自分の思い通りにならないことの不満を、身近な人にだけブツクサ文句垂れているのは、民主主義者としての権利を放棄しているのみならず、義務の不履行なのです。民主主義者としての義務を履行していない人は、民主主義者ではありません。私たちにとって民主主義とは、その恩恵に浴することのできる権利であると同時に、自らそこに参画すべき義務だからです。

おそらく、これまで皆さんは、「権利」と「義務」は相反する概念だと思っていたはずです。たとえば、「あの人は権利ばかり主張して義務を疎かにしている」といった発言は、日常的によく聞かれますよね。しかしそれは、「権利」ないし「義務」という言葉の用語法として不正確（というか意味が不明瞭）です。というのも、それらは「偽の権利」ないし「偽の義務」だからです。「真の権利」ならびに「真の義務」については、「真の権利は必ず真の義務であり、真の義務は必ず真の権利」なのです。ここで、「真の」ないし「偽の」というのはもちろん、「真の利己主義という理念に適った」ないし「偽の利己主義という概念に囚われた」ということです。ですから、「権利ばかり主張して義務を疎かにしている」ように見える人がいるとしたら、それは彼が、己の真の権利ないし真の義務がなんであるかを見誤っているか、あるいは彼を非難する人たちが、彼にとっての真の権利ないし真の義務がなんであるかを見誤っているか、もしくはその両方であるかの、いずれかです。

10　民主主義を守るために、民主主義は制限されなければならない

民主主義とは、いかなる政策が選択されるかではなく、いかにして政策が選択されるかという、手続きの問題なのであり、それが徹底的に誠実な民主主義的手続きによって決定されたものである以上、どれほど非常識な政策だと主観的に思われたとしても、民主主義者はその政策に従わなければならないとのことですが、するとそこに、次のようなパラドクスが発生する可能性が出て

きます。

それは、民主主義社会の人民が、徹底的に誠実な民主主義的手続きを踏んだ上で、最終的には人民の多数決によって、民主主義社会であることをやめる選択をした場合、その政策決定は有効なのか?という問題です。

現実的には、そのような非常識（自己否定的）な政策を、民主主義社会が選択する可能性は低いはずですが、絶対にないとも言いきれません。というのも、アドルフ・ヒトラーの国家社会主義労働者（ナチ）党が、当時、世界で最も民主主義的とされたワイマール憲法下で、あくまでも民主主義的に政権を獲得し、合法的に民主主義体制を崩壊させ、ヨーロッパ全土に甚大な被害をもたらしたという歴史的事実があるからです。

そのため、ナチスのトラウマがある、ドイツをはじめとするヨーロッパのいくつかの国の憲法では、「戦う民主主義（fortified democracy）」といって、それがどれだけ徹底的に誠実な民主主義的手続きを経て採択されたものであろうと、民主主義を否定する政策だけは認められないという思想が採用されています。

「戦う民主主義」の掲げる思想は、感情理性的には正しいと思います。しかし、理論理性的には明らかに間違っています。なぜならば、それは民主主義の自己否定だからです。民主主義とは、どのような政策が選択されるか（目的、結果）ではなく、どのように政策が選択されるか（手段、過程）の問題なのですから、特定の政策実現の可能性が最初から閉ざされているというのは、民主主義の否定以外のなにものでもないからです。しかし、「戦う民主主義」を民主主義の絶対原則としなければ、民主主義的に民主主義を破壊することが可能になってしまうというのも、これまた事実なのです。

これは「民主主義のパラドクス」とでも呼ぶべき問題なのですが、私の意見としましては、この問題の当座しのぎの解決策としては、理論理性よりも感情理性の判断を優先するということで、良いのではないかと思っています。すなわち、理論理性的には明らかに間違いである――なぜならば、それは民主主義の自己否定だから――が、感情理性的には正しい（と信仰される）「戦う民主主義」という思想を、民主主義体制を守る（という正義の）ために、民主主義の絶対前提条件（感情理性的公理）として、敢えて選択するのです。それは、あくまでも民主主義という理念を守るために必要な、理論理性の限界を超えた、感情理性による正義の選択（信仰）だと私は信じていますし、多くの民主主義者の皆さんも同じ意見のはずです。

以上の議論が私たちに教えてくれているのは、人間にとってなにが善であり、なにが悪であるかを、理論理性（理屈）のみによって判定し尽くそうとしても無理なのであり、そこには理論理性の限界を超えた、感情理性による直観的判断が必要な場面が必ずある、ということではないでしょうか？

徹底的に誠実な民主主義的手続きを経た上で採決され得る、非常識政策の具体例は、他にいくらでも考えられます。たとえば「人民は総自決（自殺）すべきだ」というトンデモ政策が、多数決によって可決してしまうことも、理論的にはあり得るわけですが、その場合、反対票を投じた（自殺したくない）人も含めて、人民は総自決しなければならないのでしょうか？

戦う民主主義という思想を憲法が規定している国家であれば、そのような非常識（非人道的）な政策が採択されたとしても、憲法違反なので無効です。いや、そもそも「人民は総自決すべきだ」などという非人道的な議案を国会に提出するだけで、すでに憲法違反ですから、即刻廃案になるはずです。

もっとも、戦う民主主義という思想を憲法が規定している民主主義国家は圧倒的少数なわけですが、それはおそらく、民主主義体制そのものを転覆させたり、人民にとって明らかに不利益でしかないトンデモ政策を民主主義社会が選択するはずがない、という常識的楽観主義があるからでしょう。

それと、民主主義体制であることだけは、いかな民主主義的手続きによっても覆されてはならないという思想には、ほとんどの民主主義者が賛成のはずですが、それでもやはり、そこには民主主義として自己矛盾があるのではないか、という疑念も残るのではないでしょうか？　つまり、戦う民主主義という思想を徹底すると、かえって非民主主義的な社会になりかねないという疑念を、多くの人が直観的に抱いているのではないでしょうか？

たとえば、戦う民主主義を憲法で採用しているドイツでは、ヒトラーやナチスを賛美したり、ホロコーストはなかったという発言をするだけで、刑法による処罰の対象になりますが、それはやり過ぎだと思います。ヒトラーやナチスがやった（とされる）悪事と同じことを実行しようと企てたら処罰される、というなら分かりますが、過去に起きたとされる事態についての再検証、ならびに解釈変更の可能性までも法的に禁止するのは、実証科学であるべき歴史学の否定であり、「学問の自由」の否定だからです。学問の自由は民主主義の条件の一つです。

11　自由を守るために、自由は制限されなければならない

あるいは、民主主義国の憲法が保障している「自由権」も、無制限に認めると次のような問題が発生してしまいます。

自由権とは、いわゆる基本的人権の中で最も重要とされているもので、言論の自由、思想・良心の自由、表現の自由、信教の自由、学問の自由、集会・結社の自由などがありますが、私が特に注目したいのは思想・良心の自由です。というのも、もしも憲法が国民の思想・良心の自由を無制限に認めるとしたら、次のようなトンデモナイ話になってしまうからです。

たとえば、私が気まぐれに人を殺すとします。あるいは、最近流行り（？）の「人を殺してみたかった」というだけの理由で人を殺すとします。私は逃げも隠れもせず警察に捕まり、法廷でこう主張するのです。

「私は、気まぐれに（or人を殺してみたかったからという理由で）人を殺すことは、私の良心に照らして善だという思想を持っている。かつ、思想には実行が伴わなければならない（実行の

伴わない思想は悪であり、私の良心に反する）という思想も持っている。そして、日本の刑法に殺人罪があることは知らなかった」

いかがでしょう？　もしも私が所属する国家の憲法が、思想・良心の自由を無制限に認めているなら、私を殺人罪で罰することは憲法違反になってしまうのではないでしょうか？（殺人に限らず、あらゆる刑法犯罪について同じことが言えます。）

ちなみに日本国憲法の第十九条では、「思想及び良心の自由は、これを侵してはならない。」とあるだけで、それは無制限に認められる自由なのか、それとも制限付きで認められる自由なのかについての付言はありません。それは、思想・良心の自由は「内面の自由」なので、どれほど非常識な思想を持とうと、それが心の内なる表現にとどまる限り、すなわち外的表現（物理的実行）が伴わない限り、特に問題ないと考えられているからでしょう。しかし、必ずしもそうとは言えないのであり、内面の自由は外的（物理的）表現の自由に繋がり得ることが、右の確信犯的殺人者の主張によって証明されているのではないでしょうか？

もっとも、日本国憲法もそこまで馬鹿ではないので、第十二条で次のように述べています。

「この憲法が国民に保障する自由及び権利は、国民の不断の努力によって、これを保持しなければならない。又、国民は、これを濫用してはならないのであって、常に公共の福祉のためにこれを利用する責任を負う。」（傍点三森）

つまり「思想・良心の自由」は、それが内面の自由にとどまらずに外的表現の自由にまで拡張解釈された場合には、あくまでも「公共の福祉」に反しない限り、保障されるのです。「気まぐれに（or人を殺してみたかったという理由で）人を殺す」ことは、明らかに「公共の福祉」に反しています。よって、右の確信的殺人者を刑法で処罰するのは、憲法違反ではないことになります。ただし、「公共の福祉（the public welfare）」という言葉に対しては、国連の人権規約委員会から、「概念（言葉の意味）が曖昧であり、国家権力による恣意的な人権弾圧の口実になり得るのではないか？」との懸念表明ならびに法律是正勧告がされています。

では、国連の人権規約委員会は、自由権の制約条件についてどう言っているかというと、「市民的及び政治的権利に関する国際規約（B規約）」の第五条に、「この規約のいかなる規定も、国、集団又は個人が、この規約において認められる権利及び自由を破壊し、若しくはこの規約に定める制限の範囲を超えて制限することを目的とする活動に従事し、又はそのようなことを目的とする行為を行う権利を有することを意味するものと解することはできない。」（傍点三森）とあります。どこの馬鹿が書いたんだと言いたくなる、分かりにくい文章ですが、要は「他者の自由や権利を侵害する自由権は誰にもない」と言っているのです。

国連人権規約委員会の懸念表明ならびに是正勧告に対して日本政府は、「公共の福祉という概念は、市民的及び政治的権利に関する国際規約第五条と実質的に同じ内容であり、国家権力による人権弾圧を正当化するために恣意的に用いられることはない」と回答していますし、私もそのとおりだと思います。しかし、その後も国連人権規約委員会は、日本政府に対して同様の懸念表明ならびに法律是正勧告を繰り返しています。

国連人権規約委員会と日本（政府）の主張が嚙み合わないのは、（国際連合を作った）欧米人が個人主義的な道徳概念として人権を捉えるのに対して、日本人は集団主義的な人倫理念として人権を捉えているからだと思います。

私自身は個人主義的傾向の強い人間なので、国連人権規約委員会の日本（国憲法）批判はもっともだと思います。しかし、日本人が集団主義的民族であることもまた、尊重されるべきだと思うのです。なぜならば、集団主義的であることは、日本民族の個性だからです。

個性といったら普通は個人の特性のことですが、民族のようなまとまりのある集団の特性（傾向性）についても、個性という言葉を使うことができるはずです。なぜならば、民族を全体として一個の統合的生命体＝超個体（supraindividual）とみなすことができるからです（2章21節参照）。人権保障には、個性尊重も含まれるはずではないでしょうか？

それに、国連で採択された「経済的、社会的及び文化的権利に関する国際規約（A規約）」の第一条第一項に、「全ての人民は、自決の権利を有する。この権利に基づき、全ての人民は、その政治的地位を自由に決定し、並びにその経済的、社会的及び文化的発展を自由に追求する。」とある（いわゆる民族自決権）のですから、「市民的及び政治的権利に関する国際規約（B規約）」第五条を根拠に、日本国憲法の集団主義的性質を批判するのは、それこそ社会的・文化的権利の侵害であり、国連人権委員会として自己矛盾しているのではないでしょうか？

もちろん、日本国憲法（の少なくとも草案）は、日本人ではなくアメリカ人が作ったのであり、日本国憲法（の少なくとも草案）を作ったアメリカ人は、日本民族の性質を慮って、「公共の福祉」という集団主義的理念を採用したわけではないでしょう。

では、なぜ、日本国憲法（の少なくとも草案）を作ったアメリカ人は、「公共の福祉」などという集団主義的理念を用いたのでしょうか？

その理由としては、次の二つが挙げられると思います。

まず、日本国憲法（の少なくとも草案）は非常な短期間で起草されたのであり、そのため自由権に関するその条文は、国際人権規約の前身である、世界人権宣言の第二十九条の2「自己の権利及び自由を行使するにあたって、民主的社会における道徳、公の秩序及び一般の福祉の正当な要求を満たすことをもっぱらの目的とする法の制限に服すること。」と、第三十条「この宣言のいかなる規定も、いずれかの国、集団又は個人に対して、この宣言に掲げる権利及び自由の破壊することを目的とする活動や行為を行う権利を認めるものと解釈してはならない。」の、テキトーな省略文になっている、という事情があるかと思います。特に、第二十九条の2の内容を、ひと言で大雑把に表現したのが「公共の福祉」であることは一目瞭然でしょう。

もう一つの理由としましては、欧米人の個人主義もまた時代が下るごとに、より先鋭化しているのであり、日本国憲法が成立した当時（一九四六年。ちなみに世界人権宣言は一九四八年。国際人権規約は一九六六年）のアメリカ人の個人主義的人権意識が、その程度のものだったということなのです。ですから、日本国憲法条文中の「公共の福祉」という文言は、確かに日本民族の伝統的（かつ先天的）な集団主義的性質に合致していますが、それはあくまでも偶然の産物なのです。

そして、「個性尊重」とか「自分らしさ」とか「自分探し」といった言葉が近年流行しているように、日本人の人権意識も時代が下るほどに、より個人主義的な色合いを深めているのですから、日本国憲法も国民の常識的正義観の変化に合わせて改正されるべきなのです。（私は、個人主義が善であり、集団主義は悪だと決めつけているのではありません。ただ、未だに集団主義的同調圧力の強い日本社会にあって、生きにくい思いをしている私のような個人主義者の人権も、もう少し尊重されるべきだとは思います。）

自由権をテーマにした以上の論考は、いわゆる改憲議論に一石を投じるものとなっているかもしれません。改めて言うまでもないでしょうが、私は正義の改憲主義者です。すでに散々言われていることですが、日本の憲法なのですから、現代の日本人が主体的にその内容を考えるべきなのです。でないと、日本国憲法は民主主義憲法ではないことになり、日本は民主主義国家ではないことになってしまうからです。

そもそも、憲法は万古不易の宗教聖典ではないのですから、世界状況の移り変わりに柔軟に対応して、ダイナミックに改正され続けるべきなのです。すなわち、憲法も進化しなければならないのです。スタティックではなくダイナミックであることこそが進化の掟なのであり、進化しようとしないモノは早晩滅びる運命だという話は、２章でしましたよね。

　さて、日本国憲法第十二条にせよ、世界人権宣言第二十九条の２ならびに第三十条にせよ、あるいは市民的及び政治的権利に関する国際規約第五条にせよ、そこで言われていることは、感情理性的には正しいと誰もが思うはずですが、理論理性的な根拠が全く示されていません。「公共の福祉に反する自由権はない」or「他者の自由や権利を侵害する自由権はない」のはなぜかについての理論理性的な説明なしに、そんなことは感情理性的に正しいに決まっているから正しいんだ、と問答無用とばかりに断定しているのが、日本国憲法第十二条や世界人権宣言第二十九条の２ならびに第三十条、そして市民的及び政治的権利に関する国際規約第五条なのです。

　しかし、この本を読んでこられた皆さんならもうお分かりのとおり、「公共の福祉に反してはならない」or「他者の自由や権利を侵害する自由権はない」という思想が正しい（善である）ことは、真の利己主義という理念ならびに偽の利己主義という概念によって、簡単に説明できます。すなわち、他者の自由や権利を侵害したり、公共の福祉に反する行為は、他者ないし社会一般に不利益を与えると同時に、自分自身にも不利益を与えるから悪（不正）なのです。

「悪を、それが悪だと理解した上で選択する自由権もあるのではないか？」と思われるかもしれませんが、自由に悪を選択したと思う時、その人は十分な理論理性能力を発揮して、なに（どうすること）が自分にとって真の利益であるかを見極めることができていない、という意味で不自由なのですから、「悪を選択する自由」というのは概念矛盾です。ある言語表現が概念矛盾であるとは、それが意味する事態はあり得ない（それが意味する事態があると思うのは錯覚だ）ということです。よって、自由とは必ず「善を選択する自由」ないし、少なくとも「自分が善だと信じている行為を選択する自由」ということになります。

あるいは、存在論的にはこうも言えます。悪とは自分とって真の不利益となる言動（表現）のことなのだから、それが悪だと本当に理解した上で悪を選択するなどという純粋な自己否定能力は、私たちにはないのだと。なぜならば、それ自体が生命活動である精神現象としての、純粋な自己否定とは、生命活動による生命原理（生命エネルギー）そのものの自己否定だからです。そのような理念矛盾的暴挙は、生命体が生命体であり続ける限り、やろうとしても絶対にできないのです。

12　民主主義は本当に正しいのか？

民主主義に関する以上の論考には、哲学的に重大な欠陥があります。それは、民主主義は正しい（善である）と無反省に前提されている点です。ある思想は正しい（善である）という無反省な前提の下に議論を進めるのは、道徳哲学とは言えません。なぜならば、なにが善であり、なにが悪であるかという具体的価値観を主張する――それは哲学ではなく思想です――のではなく、そもそも善とはなんであり、悪とはなんであるかという、善／悪そのものを解明しようとするのが道徳哲学だからです。道徳哲学のこの根本問題が解明されてこそ、人倫界における具体的場面に応じて、どうすることが善であり、どうすることが悪であるかは、理論理性的に全て演繹されるのです。そして、そもそも善とはなんであり、悪とはなんであるかを説明する道徳哲学原理論として私が提唱したのが、真の利己主義という理念ならびに偽の利己主義という概念だったのです。

では、真の利己主義という理念ならびに偽の利己主義という概念によってなら、民主主義は正しいと理論的に演繹できるのかというと、そう簡単にはいきません。というのも、真の利己主義という理念ならびに偽の利己主義という概念（or進化倫理学）によって、民主主義の善／悪を確認するためには、そもそも民主主義という言葉が輪郭明瞭に定義されていなければならないわけですが、実は民主主義を輪郭明瞭に定義できた人は誰もいないからです。

なぜ、民主主義の輪郭明瞭な定義は難しいのでしょうか？　それは、民主主義は人倫の集団文化だからです。

リチャード・ドーキンスは「ミーム」という概念によって、人間文化もダーウィニズム的に進化すると洞察しました。民主主義は人間文化の賜物です。すなわち、それは常にダーウィニズム的に進化し続けるのであり、スタティック（静的）にではなく、ダイナミック（動的）に捉えられるべきなのです。そして、その存在の仕方が動的（ダイナミック）であるとは、輪郭が不定形だということですから、民主主義とはなにかを輪郭明瞭に定義しようとしても、無理なのです。

それはちょうど、生命とはなにかを定義しようとしても、生命現象は種族レベルでも生態系レベルでも常に進化し続けているから、普遍的な意味での生命現象そのもの、すなわち生命とはなにかを輪郭明瞭に定義しようとしても無理だというのと同じです。（科学的事実として、生物学者は未だに、生物ないし生命とはなにかを定義できていません。この世に存在することが確認されている、あらゆる生命体とされるモノどもに共通する属性を記述することで、生命体の定義にしようとしても、必ず例外生命体が見つかったり、同じ属性が非生命体とされる現象の中に見られたりするからです。）

民主主義を輪郭明瞭に定義できないのであれば、民主主義の善／悪も判定しようがありません。輪郭不明瞭（より正確には輪郭不定形）な対象について、少なくとも理論理性による確言的な価値判断など、できるわけがないからです。

あるいは、仮に民主主義を輪郭明瞭に定義できたとしても、真の利己主義という理念ならびに偽の利己主義という概念（という公式）を、民主主義に適用することを難しくする理由が、もう一つあります。それは、真の利己主義という理念ならびに偽の利己主義という概念は、主に個人的行為の善／悪を規定するアトム的道徳理論ですが、民主主義のような集団的社会体制の善／悪を、個人レベルの行為の善／悪を規定する理論の単純総和として捉えることはできないからです。なぜならば、集団社会の総体的道徳メカニズムは、単純系ではなく複雑系だからです。

以上の二つの理由によって、真の利己主義という理念ならびに偽の利己主義という概念（もしくは進化倫理学）という公式から、民主主義が善であるか悪であるかを理論的に演繹することは、不可能となっているのです。

では、民主主義は善であるとも悪であるとも言えないのかといえば、そんなことはないと思います。というのも、確かに理論理性によっては、民主主義は正しい（善である）と説明できませんが、感情理性的には、民主主義は比較的に正しいはずだと、私たちの圧倒的大多数が信じているからです。

ただし、私たちが正しいと信じているのは、永遠に実現することのない、憧れの対象＝理念ないしイデアとしての民主主義です。現実の民主主義は不完全で欠点のあるものであらざるを得ません。

でも、それで良いのではないでしょうか？　なぜならば現実の民主主義は、決して実現されることのない理想を目指して永遠に改革され続けるべきもの、すなわち常に進化し続けるべきものだからです。それは、スタティック（静的）ではなくダイナミック（動的）であることこそが、民主主義の正義だということです。私たちは民主主義者として、民主主義という永遠の憧れの対象（理念）を、誠実に追求し続けるべきなのです。

「民主主義は最悪の政治体制である。これまでに試みられた、民主主義以外のあらゆる政治体制を除けば、だが」　——ウィンストン・チャーチル

13　誠実とはなにか？

さて、真理探究でも民主主義社会における政策決定（意思決定）でも、結論にまで至る思索過程ないし手続きが、徹底的に誠実であることが第一義だとされたわけですが、では、誠実とはどういう意味でしょうか？　皆さんは「誠実」という言葉を明確に定義できますか？　おそらく、できる人は少ないだろうと思います。というのも、世の人々の多くはこの言葉を、その意味をハッキリさせないままに、漠然とした褒め言葉として使っているだけだからです。

実のところ、この言葉を明確に定義するのは意外と難しい、と気付いている人は少なくないようで、インターネットの質問箱には、「誠実とはどういう意味か？」「誠実な人とはどういう人のことか？」といった質問が多く見られます。で、それに対してほとんどの回答者が、「嘘をつかないこと（人）」「浮気をしないこと（人）」「相手の立場に立って考えられること（人）」などと言っているのですが、それらはいずれも、「誠実とはどういう意味か？」の答えになっていません。というのも、それらは誠実であることの具体的な実例を羅列しているだけであり、「誠実」という言葉の意味そのものの説明（定義）には全くなっていないからです。

要するにそれは、「悪とはどういう意味か？」という質問に対して、「人を傷つけること」「人のモノを盗むこと」「テストでカンニングすること」……といった具合に、悪であることの具体的実例を羅列するのと同じなのです。それらが「悪」の定義に全くなっていないことは、この本をここまで読んでこられた皆さんには、十分お分かりですよね。「悪」も「誠実」も抽象概念なのですから、「悪」ないし「誠実」の範疇に分類される（かもしれない）具体的な実例（現象ないし行為）をいくら羅列しても、「悪」ないし「誠実」を定義したことにはなりません。

では、辞書にはなんと書いてあるでしょうか？　たとえば『広辞苑』の「誠実」の項目には、「(仕事や他人に対して）真面目で真心がこもっていること。」とあります。では、「真面目」ならびに「真心」の項目にはなんと書いてあるかというと、「真面目」＝「①真剣な態度・顔つき。本気。②真心がこもっていること。誠実なこと。」、「真心」＝「誠の心。偽りのない真実の心。赤心。」とあります。

いかがでしょう？　これらの説明を読んで、あなたには「誠実」の意味が分かりましたか？　私にはサッパリ分かりませんでした。というのも、『広辞苑』に書かれていることは、「東はどっちだ？」と訊かれたら「南の九十度左だ」と答え、「では、南はどっちだ？」と訊かれたら「西の九十度左だ」と答え、「では、西はどっちだ？」と訊かれたら「北の九十度左だ」と答え、「では、北はどっちだ？」と訊かれたら「東の九十度左だ」と答えるのと同じだからです。そのような堂々巡りの説明は、定義とは言えません。

それに、『広辞苑』の定義だと——『広辞苑』に限らず、どの国語辞典も同じだと思いますが——、もしもアドルフ・ヒトラーが、「私は、人類にとって害悪でしかないユダヤ人を絶滅せよという神の啓示に従って、崇高な使命感でもってホロコーストを遂行しているのだ。世界の常識では、私のやっていることは極悪だと非難されるだろうが、それは人類の知性が、私がやっていることの意義を真に理解できるレベルに、まだ達していないからだ。いずれ人類の知性レベルがいっそう進歩することで、私のやっていることは純粋な正義だったと理解してもらえる日が、必ずくるはずだ」と本気で信じ込んでいたのだとしたら、ヒトラーは「(ホロコーストという)仕事や(ユダヤ人以外の)他人に対して、真面目で真心がこもっていた」、すなわち「誠実」だったということになるのではありませんか?

あるいは、オウム真理教の教祖・麻原彰晃が、「サリンをばら撒いて、迷える哀れな衆生どもをポアしてあげた。これでみんな天国に行ける。良かった良かった」と本気の本気で信じ込んでいたのだとしたら、ヒトラーと同じく麻原も、悪人であることは間違いないでしょうが、「誠実」ではあったと言えてしまうのではないでしょうか?

もちろん、これはおかしな話です。ヒトラーにせよ麻原にせよ、「極悪人」が同時に「誠実な人」でもあったというのは、なにかが間違っているとしか思えません。確かに「誠実」は、そのハッキリした意味を誰も理解しないままに、テキトーに使われている漠然とした褒め言葉ですが、だからといって、「誠実な悪人」というのは明らかに概念矛盾です。というのも、もしも「誠実な悪人」という言葉に意味がある(「誠実な悪人」が、少なくとも理論的には存在する)のだとしたら、「誠実」という言葉を漠然とした褒め言葉として一般的(日常的)に使うことにすら、意味が全くなくなるように思えるからです。だって、悪人が悪人であるとされる、まさにその悪行によって、悪人は誠実でもあるというなら、「誠実」はもはや褒め言葉ではなくなってしまうではありませんか。

以上の議論では、アドルフ・ヒトラーないし麻原彰晃が、（仕事や他人に対して）真面目で真心がこもった人であった、という仮定で話が進められていますが、「そもそも、それはなんの根拠もない仮定なのであり、ヒトラーも麻原も（仕事や他人に対して）真面目で真心のこもった人ではなかったはずだ」という反論があるかもしれません。しかし、ここで問題となっているのは、ヒトラーや麻原の本心がどうであったか——それは確認しようがありません——ではなく、辞書に書かれている定義（モドキ）を認めると、「誠実な悪人」という概念が理論的に可能になってしまうということです。

そして、「誠実な悪人」という概念が理論的に可能ならば、そもそも「誠実」には褒め言葉としての意味がなくなってしまうのです。褒め言葉としての意味を失った「誠実」には、もはや言葉としての存在意義はありません。なぜならば、私たちは「誠実」を、あくまでも褒め言葉として使っているのだからです。

すると、考えられる可能性としては、この言葉には全く意味がないか、辞書に書かれているのとは別の正しい意味があるかの、どちらかです。もしも意味がないなら、私たちは即刻、この言葉を使うのをやめるべきです。意味がない言葉モドキを、意味があると錯覚して使い続けるのは馬鹿だからです。

もしも、この言葉にはちゃんとした意味があるが、多くの人はその意味を正しく把握していないし、辞書にも正しい定義が記されていないというのであれば、道徳哲学者として私には、この言葉の意味を正しく定義して、世の人々に教え広める責務があります。なぜならば、「誠実」という言葉に意味があるならば、それは道徳哲学的に重要な概念のはずだからです。

そして事実、「誠実」には褒め言葉としての確かな意味があるのであり、それは至極端的かつ明快に定義できるのです。というか、改めて説明するまでもなく、この本をここまで読んでこられた皆さんには、「誠実」という言葉の正しい定義は、もうお分かりのはずです。

そうです。偽の利己主義に囚われた行為選択を避け、真の利己主義に則った行為選択をすべく、常に理性的な努力をし続ける姿勢――これが「誠実」という言葉の端的にして明確な定義です。

ただし、あくまでもそれは「努力し続ける姿勢」にとどまることを忘れてはなりません。なぜならば、イデア（理念）としての「誠実」を永遠の憧れの対象として崇め、生きている間に、その境地に一歩でも近づこうと努力するのは善ですが、完璧な「誠実」の実現を目論むのは、人間としての分を超えており、かえって私たち（自分も他人も）を不幸にする悪だからです。それは、ユートピアの実現を目論む善意の完璧主義が悪だとされたのと同じ理由で、悪なのです。

14　理論理性を超えた宗教の知恵

自殺に話を戻します。

自殺が、他者のみならず自分自身をも不幸のどん底に叩き落とす極悪であることは、疑いようがありません。それどころか、あらゆる悪事の中で悪性度が最も高い所業だとすら思います。ところが、自殺以外の悪事に手を染め（ようとす）る人に対しては、「そんなことをすると、他者のみならず、あなた自身こそが最も不幸になるからやめなさい」という論法は——真の利己主義という理念と偽の利己主義という概念を、その人に完全に理解させることさえできれば——十分な説得力を持つと思いますが、生き続けることに伴う耐えがたい不幸からの解放（解脱）を目的とした、究極の実存投企である自殺をしようとする人に対しては、ほとんど説得力を持たないように思われるのです。なぜならば、自殺という進行形行為によって自殺者が最悪の不幸を体験するのは、ほんの一瞬であり、その後には、あらゆる不幸（苦悩・苦痛）からの絶対的な解放が待っているはずだからです。

あるいは、宗教家なら次のように言うかもしれません。

「自殺だけは、どんなことがあっても絶対にしてはならない。なぜならば、神がそう命じているからだ。絶対にしてはならないという神の命令に背くのは、決して許されない極悪であり、自殺者は地獄に堕ちて、永遠の苦しみを味わうことになるのだ」

しかし当然のことながら、宗教家のこの主張は実証されてもいなければ、理論的根拠も示されていません。というか、実証ないし理論的説明を完全に放棄しています。私は哲学者なので、盲信ではなく実証ないし理論的な根拠が欲しいのです。それに、「自殺をしたら地獄に堕ちるから自殺は悪だ」という宗教的盲信を認めるなら、「自殺をしたら天国に行けるから自殺は善だ」という宗教的狂信も、同等の権利で主張できてしまうことになります。

もっとも、モーセの十戒に「汝、自殺するなかれ」という条項がないことや、イスラム過激派の自爆テロからも明らかなように、自殺したら確実に地獄堕ちだと、全ての宗教家が言っているわけではないのかもしれません。しかし私の知る限り、少なくともカトリックでは、自殺者は確実に地獄堕ちであり、その罪が赦される可能性はゼロだとされています。自殺以外の凶悪犯罪であれば、生きている間（地獄堕ちという極刑の執行猶予期間）に、自らの犯した罪を真摯に悔い改めれば、天国に行ける可能性があるとされているにもかかわらず、です。それこそ、ヒトラーやスターリンや毛沢東のような、何百万人何千万人もの虐殺に責任のある超極悪非道人ですら、本心から悔い改めれば天国に行ける——正確には、まずは煉獄で擬似地獄の苦しみを味わい尽くしてから、魂が浄化されて天国へ行ける——とされているのです。ところが、その人が生前どれだけ品行方正な「善人」だったとしても、たった一人、自分を殺したらもうアウトであり、地獄堕ち決定だというのです。

カトリックのこの教えを初めて聞いた時、私はどうにも納得いきませんでした。己のわがままな欲望のままに（偽の利己主義に囚われて）、何人もの命を奪った極悪人ですら、天国に行ける可能性があるというのに、どんなに品行方正で真面目に生きてきた人であっても——たとえば、あまりにも真面目すぎる性格が災いしてストレスから鬱病になり、「あぁ、こんな情けない私には生きる価値なんてない。これ以上生きても人様に迷惑をかけるだけだ」と、消え入るような思いで自殺してしまったならば、その人は絶対確実に地獄堕ちだというのです。

もちろん、自殺が極悪行為であることは疑うべくもありません。しかし、だからといって、連続殺人鬼ですら天国に行ける可能性があるというのに、自殺者にはその可能性が完全に断たれているというカトリックの主張には、私のみならず多くの人が、「それは筋が通らないのではないか？」と思うはずです。

しかし、私はこうも思うのです。カトリックのこの教えは、人間の理論理性の限界を超えた「宗教の知恵」なのではないかと。

確かに、自殺は悪だと理論理性的に説明することはできても、その説明には、自殺志願者を思いとどまらせるだけの十分な説得力はありません。自殺に関するカトリックのこの教えを、いつ、誰が、どのような経緯で唱え始めたのか知りませんが、もしかしたら、その人たちは直感的に知っていたのではないでしょうか？　自殺以外の全ての悪事は、それをしたら自分自身こそが最大の不利益を被るから悪なのだと、理論理性によって説明できることを。そして、その説明には、悪事に手を染めようとする人を思いとどまらせるだけの、十分な説得力があることを。あるいは、すでに悪事に手を染めてしまった人を真摯に悔い改めさせるだけの、十分な説得力があることを。しかし、唯一自殺だけは、それが悪であると理論理性的に説明することはできるが、その説明には、自殺志願者を思いとどまらせるだけの、十分な説得力がないことを。

15　開き直った犯罪者（悪人）

さて、「自殺以外の全ての悪事に手を染めることは、自分自身にとってこそ最大の不利益だからやめるべきだ」という論法には、悪事に手を染めようとする人を思いとどまらせるだけの、あるいは、すでに悪事に手を染めてしまった人を真摯に反省させるだけの、十分な説得力があるとのことですが、では、自分のやっていることは他者に不利益をもたらすのみならず、自分自身こそを最も不幸にする、偽の利己主義に囚われた愚かな行為選択だと理解しながらも、それでも敢えて悪事に手を染める、開き直った犯罪者（悪人）がいることは、どう説明したらいいのでしょうか？

まず、開き直った犯罪者（悪人）は、自分が偽の利己主義に囚われていることを、本当の意味では理解していないという解釈が可能です。というのも、それが自分にとって不利益でしかないと本当に理解した上で、それをする（それが悪だと本当に理解した上でする）のは、私たち人間には、やろうとしても絶対にできないことだからです。

なぜならば、それが自分にとって不利益でしかないと本当に理解した上で、それをするのは、純粋な自己否定になってしまうからです。私たちには純粋な自己否定は絶対にできません。純粋な自己否定とは、自己否定観念で自らの精神を充満させることです。「悪」は否定観念ですから、それが悪だと本当に理解した上で、主体的な行為選択として悪を為すのは、純粋な自己否定になってしまうのです。

もしも、私たちに純粋な自己否定能力があるとしたら、その能力を発揮した瞬間に、私たちの生命活動は停止する――心で念じるだけで自殺できる――はずです。しかし、そのような「超能力」は私たちにはありません。いや、私たち人間に限らず、この宇宙内に存在するあらゆる生命体には、念じるだけで――精神力ないし意志の力だけで――自殺する能力はないのです。なぜならば、純粋な自己否定とは生命原理そのものの否定だからです。そして、私たち生命体は能動的に生きているのではなく、受動的かつ盲目的に生かされているのだからです。生命原理によって受動的かつ盲目的に生かされている私たちに、生命原理そのものを否定する能力など、あるはずがありません。

あるいは、自殺との関連で言うと、開き直った犯罪者（悪人）は、一生をかけて自殺しているのだという解釈も可能です。というのも、普通の意味での自殺者が、自殺遂行過程において究極的に不幸になると知りながらも、それでも敢えて自殺を選択するのは、自殺遂行に伴う、この上ない不幸はあくまでも一瞬であり、死ねば全ての苦悩・苦痛から解放されると信じているからですが、それと同じことが、開き直った犯罪者（悪人）にも言えるからです。

つまり、開き直った犯罪者は、悪事に手を染めることによって、自分自身こそが最も不幸になっているのだという、人倫の合目的的メカニズムを理解しているのだとしても、それは生きている人間にとってのみ妥当する真理であり、どうせ死ねばみんなチャラだという人生観（厭世観）で、刹那的な己の欲望に身を委ね、敢えて悪事に手を染めているのだという解釈です。それはまさに、一生という長い時間をかけた自殺なのであり、普通の意味での自殺との違いは、自殺という進行形行為の遂行時間が、長いか短いかだけなのです。

哲学者（？）の中島義道が、「どうせいつか死んでしまうのに、なぜ今、死んで（自殺して）はいけないのか？」と言っています。これは、アスペルガー症候群である彼独特の自閉症的厭世観を表現した言葉なのですが、開き直った犯罪者は、次のような人生観（厭世観）で生きているに等しいのです。

「どうせいつか死ぬことができるのに、なぜ今、死に急ぐ（自殺する）必要があるのか？」

もちろん、開き直った犯罪者（悪人）は、私に言わせればただの馬鹿ですから、以上のような実存主義的思想の自覚的な実践者として、犯罪行為（悪事）に手を染めているわけではないでしょう。しかしそれは、あくまでも自覚していないだけであって、深層心理レベルないし理論的には、開き直った犯罪者（悪人）は、一生にわたる長い時間をかけた進行形行為としての自殺を、主体的（実存主義的）に実践しているのだという解釈も可能なのです。

だとすると、「自殺という進行形行為の、正にその瞬間において、自殺者は自分自身を不幸のどん底に叩き落とすことになるから、自殺はやめるべきだ」という正論には、自殺志願者を思いとどまらせるだけの十分な説得力がないのと同じく、「犯罪（悪事）に手を染めるという進行形行為の過程において、犯罪者（悪人）は自分自身こそを最も不幸にしているのだから、犯罪（悪事）はやめるべきだ」という正論にも、開き直った犯罪者を改心させるだけの、十分な説得効果がないことになります。なぜならば、開き直った犯罪者（悪人）は、もとより人生に絶望しているがゆえに、なるべく早く死にたい（人生を早く終わらせたい）と、漠然と（無自覚的に）思いながらも、かといって積極的に自殺するだけの勇気（潔さ）もないので、人様（社会）に迷惑をかけまくると同時に、自分自身こそをよりいっそう不幸にしながら、ダラダラと消極的な自殺をしているのだからです。

16　自殺しようとしている人へ

では、自殺志願者に対して私たちは、どのように接したら良いのでしょうか？

まず、これまでの議論から明らかなように、自殺志願者にとって自殺は、究極の実存投企かもしれない――ここで私が問題にしている自殺志願者には、一生をかけてダラダラと無自覚的に自殺している馬鹿（開き直った犯罪者ないし悪人）は含まれません――のですから、その「自殺したい」という気持ちを頭ごなしに否定することだけは、絶対にしてはならないと思います。なぜならば、究極の実存投企である自殺を考えるほど苦悩するとは、彼（女）が、生きることの意味を、それだけ真剣に考えている証拠だからです。それは、彼（女）が主体的な自己（人生観）を確立しているということです。主体的に生きることこそが人生の本義だと思っている人に、「とにかく自殺してはいけない」とか「命を大切にしましょう」などという、非主体的な定型文句を頭ごなしに言っても、世界に対する彼（女）の絶望をいっそう深める（自殺促進）効果しかないからです。

この本は自殺志願者のためのカウンセリング本ではないので、端折って結論を述べてしまいますと、要は心の問題ということになるかと思います。自殺はもとより、その他の死についても、それが私たちにとって不幸であるのは、死が人の「心の問題」だからです。自然現象としての人間の死そのものは幸福でも不幸でもありません。特に自殺が究極の不幸なのは、自殺という現象そのものよりも、自殺するほどに追い込まれた人の心の苦悩・苦痛が、究極の不幸だからです。

もしも、自殺問題の核心が自殺という行為（現象）にのみあるならば、すなわち自殺という行為（現象）をやめさせられれば、それで良いというのであれば、問題解決はそれほど難しいことではありません。自殺志願者の全身を拘束し、舌を噛み切れないように猿ぐつわをかまし、鼻からチューブを入れるか胃瘻《いろう》によって流動食を胃に直接流し込み、大人用オムツで排泄の世話をしてやれば――すなわち自殺したくても絶対にできない状態で無理矢理生かし続ければ――良いということになるからです。しかし、そのようなやり方は、どう考えても人権侵害であり、人道に反する悪です。

自殺問題の核心は、自殺という行為（現象）ではなく、自殺を真剣に考えるほど苦悩している、その人の心にあるのですから、彼らの心を救うことこそが最重要課題のはずです。では、彼らの心を救うにはどうすれば良いのかといえば、自殺を考えるほど苦悩しているその心に寄り添い、その苦悩に共感しようと努力するしか、私たちにできることはないと思います。

ただし、それはあくまでも努力にとどまります。なぜならば、自殺志願者が人生に真剣に悩んでいるように、自殺しようとしない人たちもまた、それぞれの人生と日々、格闘しているのだからです。自殺念慮のあるうつ病患者を毎日のように診察している、精神科医やカウンセラーだって同じです。ですから、自殺志願者の心に寄り添って、その苦悩に共感するといっても、私たちにできることには限界があります。自殺志願者の心に寄り添い、想像力を最大限に働かせて、その苦悩に共感しようと努力することが、全ての人間にとって、より善であることは間違いありませんが、それは問題に対する完全無欠な解答（解決策）にはなり得ないのです。

以上を踏まえた上で、自殺志願者に対して私に言えることは、以下のとおりです。

まず、自殺は不幸なので、できたらやめて欲しいというのが、私のワガママな感情的要求です。自殺が不幸だというのは、もちろん私が不幸になるということです。なぜ、私が不幸になるかというと、見ず知らずのあなたが、今この瞬間にも地球のどこかで自殺しているのだと思うと、あなたが自殺という最悪の選択をするまでに経験したであろう、とてつもない苦悩・苦痛に否応なく想像力が働かされてしまい、私の心が慄然とさせられるからです。これは私に限らず、まともな想像力のある大人なら、他者の自殺という不幸に対して、誰もが同じ思いのはずです。

もしも、あくまでも自分のできる範囲内で、見ず知らずの自殺志願者を一人でも救うことができる――単にその場の自殺行為を物理的にストップさせるということではなく、その人をして自殺を真剣に考えるまでに至らしめた、精神的ないし物質的状況を解決ないし改善させることができるという意味です――ならば、圧倒的大多数の大人が躊躇うことなく、その人を救うべく、自分にできる限りのことを実行しようとするはずです。

もしかしたら、あなたの周りには、あなたの苦悩・苦痛を理解してくれる人がいないのかもしれません。それは、あなたの対人関係能力に問題があって、周囲に上手くメッセージを発信できていないからかもしれないし、あなたの周囲には想像力の貧しい人しかいないのかもしれません。いずれにせよ、もしそうだとしても、世の中には、見ず知らずのあなたが自殺を真剣に考えるほど苦悩していることに想いを馳せ、涙する人が少なからずいるというのもまた、確かな事実なのです。それは、仮にあなたが一生涯そういう人に出会う機会に恵まれないとしても、そうなのです。そのことに、あなたにも想いを馳せて欲しいというのが、私のワガママな要求です。

しかし、それでも、どうしても自殺するしかないというなら、あなたのその主体的な選択を私は、肯定はできませんが尊重したいと思います。真剣かつ不器用に生きたあなたの、真剣かつ不器用な死の選択を尊重したいと思います。

一つだけ、お願いがあります。あくまでも、私のワガママなお願いですから、強制はしません。というか、できるわけがありませんが……。

それは、自殺する前に『遺書』を書いて欲しいのです。そこには、あなたがなぜ自死を選択するに至ったのか、その理由・苦悩を、できるだけ事細かに、正直に書いて下さい。あなたが自殺を決意するに至った経緯、理由、他人や世の中に対する憎しみ、恨みつらみを、あなたの主観で構わないので徹底的に書き連ねて下さい。文章は下手くそで構わないのです。あなたの主観的意見を、他人に認めて（肯定して）もらおうなんて思う必要はありません。どうせあなたは、これから死ぬ（この世からいなくなる）のですから、死んだ後に（あなたのいない世界で）、あなたのワガママな主張が世間からどれだけバッシングされようと、まだ生きている今のあなたには、どうでもいいことのはずだからです。

遺された人を思いやって取り繕ったり、嘘をついたりだけは、絶対にしてはいけません。あなたを愛する人は、あなたの嘘を鋭敏に嗅ぎとり、ますます救われない気持ちになってしまうからです。

あるいは、家族が原因で自殺する人もいるでしょう。その場合は、家族に対する恨みつらみ、憎しみを、正直かつ徹底的にぶちまけて下さい。それがあなたの、家族に対する憎しみという名の愛だからです。

もしも、あなたが天涯孤独の身の上ならば、不器用なあなたを受け入れてくれなかった世の中に対する恨みつらみ、憎しみを、正直かつ徹底的に吐露して下さい。それがあなたの、世の中（人間）に対する憎しみという名の愛だからです。

17　アタラクシア——幸福でも不幸でもない境地

真の利己主義という理念ならびに偽の利己主義という概念は、幸福になるための、そして不幸でなくなるための道徳理論です。確かに、不幸であることは反道徳的であり、不幸でなくなることは道徳的だと言えるでしょう。そして、幸福であることは道徳的であり、幸福でなくなることは反道徳的です。しかし、「不幸でなくなること＝幸福になること」ではないし、「幸福でなくなること＝不幸になること」でもないことに注意が必要です。というのも、「不幸でも幸福でもない境地」というものがあるからです。古代ギリシアの快楽主義哲学者エピクロスは、その境地をアタラクシア（心の平静、平安）と呼び、アタラクシアを実現してこそ、私たちは唯一にして真の幸福（消極的快楽）を獲得できるとしました。

エピクロスに言わせれば、私たちがなぜ不幸になるかというと、それは私たちが幸福を追い求めてしまうからであり、逆に私たちがなぜ幸福を実感できるかというと、それは私たちが不幸を経験したことがあるから（orこの世に不幸があることを知っているから）だということになります。

それはたとえて言うなら、私たちが光という言葉の意味を理解するのは暗闇の存在を知っているからであり、暗闇という言葉の意味を理解するのは光の存在を知っているからだというのと同じです。暗闇の存在を理解せずに光の存在を理解するということはありませんし、光の存在を理解せずに暗闇の存在を理解するということもありません。

幸福と不幸は、このように相即不離の関係にあるのですから、幸福であるのみで全く不幸でないということはあり得ませんし、自分は幸福であるのみで全く不幸でないとしても、その代償として必ず誰かが不幸になっているというのが、この世の摂理だとエピクロスは言うのです。であるならば、私たちが道徳的に正しく生きるためにできることは、一つしかありません。

幸福を充実（＋）、不幸を欠乏（－）と考えるならば、幸福でも不幸でもない状態（＋－0）を目指すべきだということになります。なぜならば、幸福（快楽）追求にこだわると、かえって不幸（不快）を招いてしまうというのが、この世の摂理（快楽主義のパラドクス）なのであり、幸福追求から完全撤退してこそ、私たちが不幸に苛まれることはなくなるからです。

具体的には——幸福になりたい、ないし快楽を追求したいという私たちの各種欲望は、外界からの刺激、特に人間関係を機縁として惹起されるのですから、それら人間関係の煩わしさを避けるべく、隠者として生きよというのがエピクロスの教えです。

もっとも、現代日本のような高度に発達した資本主義文明社会で隠者として生活するのは、よっぽどの大金持ちでもない限り、とても無理でしょう。それともエピクロスは、「引きこもりニートになれ」と言っているのでしょうか？　しかし、引きこもりニートがアタラクシア（心の平静、平安）の境地に達しているとは、とても思えません。

エピクロスが唱道したような、アタラクシアの境地で生きることが現実に可能かどうかは、議論の余地があるでしょう。しかし少なくとも、その境地を一つの理想型として考察することには、道徳哲学的に意義があると思います。というのも、この思想（アタラクシア主義）によってこそ、「自殺は善だ」と言える可能性が出てくるからです。

自殺志願者は、積極的に幸福になろうとして、あるいは幸福になれると思って自殺するのではなく、生き続ける限り、そこから逃れる術がない（と信じ込まれている）不幸から脱却する（不幸をゼロにする）ために、自殺という最悪の手段を、究極の実存投企として選択するのでした。なんとなれば、死ぬことによって自殺者は、不幸でも幸福でもなくなるはずだからです。それは、究極的にして完全なるアタラクシアの境地と言えるのではないでしょうか？　しかも自殺者は、その境地を自らの主体的意志で選択し、確実に獲得（実現）するのです。エピクロスに言わせれば、自殺者こそがアタラクシア主義者の鑑（最も道徳的に完成された人間）ということになります。

それに対して私のように、真の利己主義という理念ならびに偽の利己主義という概念（人倫の合目的性理念によって規定される善／悪）に囚われ過ぎるのは、エピクロスに言わせれば、アタラクシアを乱す「悪しき（自らを不幸にする）生き方」になるはずです。なぜならば、真の利己主義という理念ならびに偽の利己主義という概念は、明確な幸福ないし快を普遍的な善として奨励し、明確な不幸ないし不快を普遍的な悪として排除しようとする道徳理論なのであり、アタラクシアのような、幸福ないし快（善）でもなければ不幸ないし不快（悪）でもない、無欲・無感動・無価値の（悟りを開いた仙人のような）境地は、道徳的価値判断の対象として度外視されているからです。（その意味で、エピクロスのアタラクシア主義は、逆転の発想としての幸福論です。

あるいはアタラクシアとは、仏教の禅宗が理想とする無我の境地のことかもしれません。）

18 道徳哲学者として――積極的快楽主義

もっとも、エピクロスが批判する、私たちの心の平安を乱して不快や苦悩をもたらす各種欲望とは、私に言わせれば、偽の利己主義に囚われた（誤った）欲望であり、真の利己主義に適った（正しい）欲望を追求する限り、私たちは利益（喜び、快楽）を獲得するのみで、不利益（苦悩、不快）がもたらされる（快楽主義のパラドクスに陥る）ことはないはずなのですが……。

ただし、この世から悪（真の不利益・不幸・不快・苦悩）をなくし、善（真の利益・幸福・快楽・喜び）で満ち溢れさせるためには、全ての人が、いついかなる時と場合においても、どうすることが自分にとって真の利益であり、どうすることが自分にとって真の不利益であるかを、正しく見極めていなければならないわけですが、私たち人間は全知全能の神ではないのだから、そのようなユートピア的人倫の実現は、不可能だとされたのでした。

すなわち、仮に私が、真の利己主義という理念に適った実践行為の、限りなく理想的な体現者たり得るとしても、世の人々の多くは、偽の利己主義に囚われた愚かな行為選択ばかりしているのです。するとどうなるかと言えば、偽の利己主義に囚われた愚かな行為選択を私がほとんどせず、逆に真の利己主義に適った賢い行為選択ばかりするのを見て、世の多くの人々は、愚かさゆえに自分たちにはできていない善行ができている私に、激しい劣等感を抱くはずです。そして、その劣等感を自ら慰めるために、圧倒的多数派という集団（ニーチェ言うところの畜群）の力によって、私をバッシングすることでしょう。それは、陰湿・陰険なイジメの様相を呈するはずです。いつの時代も、私のような圧倒的少数派の賢者は、圧倒的多数派の衆愚によって弾圧されてきたというのが、歴史的事実ではありませんか。

すると、やはりエピクロスが勧めるように、世の人々（畜群、衆愚）との社会的交流からはなるべく身を遠ざけ、ただ一人、安心立命の境地（アタラクシア）を求めて、山奥にでも引きこもって仙人のような生活をするのが、私のような真の知性を獲得した賢者にとっては、唯一の正しい生き方なのかもしれません。なんとなれば、世の人々の多くは、真の利己主義という理念ならびに偽の利己主義という概念が真理であることを、理解はできても実践できない（実践するだけの真の知性、ないし理性的根性がない）からです。

しかし、私は道徳哲学者なのですから、やはり、浮世離れした仙人のような生き方をすべきではないのです。なぜならば、「道徳」とは社会的な倫理規範のことであり、道徳哲学は社会（人倫）を前提してこそ、その存在意義を持つのだからです。俗世間との交流を絶って、山奥に一人引きこもって自足するを良しとする仙人のような生活は、道徳的とは言えません。いや、そもそも他者との交流が全くない状態で生きている人には、「道徳」という言葉は、もはやなんの意味も持たないのです。

ですから、やはり私たちは、エピクロスが奨励するようなアタラクシア（安心立命）主義（消極的快楽主義）ではなく、波瀾万丈主義（積極的快楽主義）であるべきなのです。ただし、ここで言う「積極的快楽」とは、あくまでも真の利己主義という理念をイデアとして憧れ、その不完全な影像を実践し続ける努力に矛盾しない快楽であることを、忘れてはなりません。他者を不幸にする独りよがりな快楽は、偽の利己主義に囚われた偽の快楽ですから、私の唱える積極的快楽主義とは全く相容れません。

あとがき
——地球倫理から宇宙倫理へ——

二十世紀末に東西冷戦が終わった時、「これで核戦争の危機は去った」と多くの人が安堵しました。しかし、それから三十年以上経った今、私たちが直面しているのは、民主主義vs権威主義という、冷戦時代より遥かに複雑かつ危険な様相を呈している、混迷する世界情勢です。事実、この本が出版される二〇二二年現在も、本来なら世界に対して責任を負うべき超大国による、侵略戦争やジェノサイドといったトンデモナイ事態が起こっていますし、核戦争の危機も全くなくなっていません。

一九九五年に日本で、オウム真理教による毒ガス・サリンテロが起きた時、アメリカのマスコミは、「テロリズムの新たな時代が幕を開けた」と報じました。かつては、サリンのような、戦争で使うために開発された大量殺戮兵器は、国家レベルでなければ製造・保有することはできなかったのに、カルト教団という民間レベルでも製造・使用できる時代になったことに、世界は慄《おのの》いたのです。

それでもまだ、オウム真理教の場合は集団でした。私たちを待ち受けているのは、もっと恐ろしい近未来です。というのも、毒ガスはもちろん、核爆弾のような超大量殺戮兵器ですら、集団（グループ）どころか、個人が自宅アパートでこっそり作れてしまう時代が、すぐそこまで迫っているからです。秋葉原無差別殺傷事件を起こした加藤智大死刑囚のような、人生に絶望して自暴自棄になった人が、こっそり作製した核爆弾を街中で爆発させるなんてことができる時代が、もう、すぐそこまで来ているのです。

その時、人類はどうなってしまうのか、皆さんは真剣に考えたことがありますか？

二十一世紀は地球人類にとって、大きな分水嶺となる百年だった、と後世の歴史書に記されることになるでしょう。この百年をかけて私たちが対峙しなければならない、地球文明の危機を乗り越えられたなら、宇宙人（宇宙文明）の側から、公式な外交使節団が地球に送られてくるはずです。

いきなり「宇宙人」などという言葉が出てきて、ビックリされたかもしれません。でも、宇宙人が、これまでも非公式に地球を訪れていることは、皆さんご存知のとおりです。いわゆるUFO目撃談や宇宙人遭遇体験がそれです。そして宇宙人は、地球人類の動向を、常に監視しています。

二十一世紀は地球人類にとって、分水嶺となる危機の百年だと言いました。それは、人類が二十二世紀以降も恒久的に発展・繁栄し続けられるか否かが、二十一世紀を生きる私たちの実践によって決まるということです。

では、もしも人類が、二十一世紀の危機を克服できずに、滅びへの道を歩むことになるとしたら、宇宙人は救いの手を差し伸べてくれるでしょうか？

いいえ、地球人類が衰退しようと、滅亡の危機に瀕しようと、宇宙人はただ見ているだけです。救いの手を差し伸べたりはしません。地球人類の危機は、私たちが自力で克服しなければならないのです。なぜなら、文明の危機を自分たちだけで克服できないような、中途半端な知的高等生命体種族を、宇宙文明の一員として受け入れてしまったら、宇宙全体の平和と安定を脅かす、大害悪（不利益）となりかねないからです。

宇宙には、現代の地球と同レベルにまで文明を発達させたものの、そこで必然的に直面せざるを得なかった危機を克服できず、衰退してしまった種族が数多くいるはずです。

私たちは、どちらの道を歩むことになるのでしょうか？　地球文明の危機を克服して、宇宙文明の一員となるに相応しい、新人類へと脱皮できるのか？　それとも、危機を克服できずに衰退してしまうのか？　それが決まるのが、この百年なのです。

二十一世紀という、人類史上最大の存亡の危機を克服した暁には、宇宙文明の一員として大きく羽ばたいていくことになる、まさに超大航海時代の幕開けとなる二十二世紀が待っています。その序章とも言うべき二十一世紀を生きる私たちは、今、なにを、どう実践すべきなのでしょうか？

本書のサブタイトルである、「人間の、人間による、人間のための道徳」とは、私の道徳哲学ないし倫理学思想が、あくまでも人間（地球人類）中心主義であることの謂いです。それは、人間はもちろん、人間以外の地球環境内全生命体を含めた、生態系全体との関係性としての人間中心主義（ヒューマニズム）が、この本のテーマだということです。すなわち、本書で述べられているのは「地球倫理」です。

宇宙文明時代を迎える（はずだと希望される）二十二世紀には、「宇宙倫理」という、新たな課題が浮上してくることでしょう。

宇宙倫理とは具体的にどういうものか、実は私にも全く見当がついていません。同じ合理性を共有する、地球人同士の道徳的関係性をテーマとする地球倫理と異なり、宇宙倫理では、それぞれに全く異質（相互翻訳不可能）な合理性を有する、異星人諸種族との道徳的（？）関係性をテーマとしなければならないからです。まぁ、宇宙倫理についての詳しい考察は、またの機会に譲りたいと思います。

いずれにせよ、今、私たちが直面している喫緊の課題は、地球倫理です。

私は先鞭をつけました。さぁ、これからは皆で、二十一世紀の危機を克服すべく、考え、議論し、実践していかなければなりません！　私たちにはもう、一刻の猶予もないのですから！

最後になりますが、謝辞を述べさせていただきます。

拙稿の出版を快く引き受けて下さいました、三和書籍代表取締役の髙橋考様には、史上最悪と言われる出版大不況下にあっても出版人魂を失わない、その男気に感服いたしました。ありがとうございます。

編集部の皆様方には、これ以上の訂正は止めてくれと言われているのに、ゲラに鉛筆赤字出しをしまくった私の我儘に、ときにはユーモアを交えながら、丁寧にご対応いただきましたことを、感謝いたします。

最後の最後に、十六年前に九十一歳で亡くなった、敬愛する祖父・西村睦男に、本書を捧げます。

三森定史

二〇二二年六月

三森定文（みつもり・さだふみ）
1965年7月6日 京都市出生　東京都八王子市出身
東北大学文学部 美学・西洋美術史研究室卒。アカデミズムに所属しない在野の哲学者。頭ではなく、身体で考える哲学としての武術研究家でもある。小林流空手道頓珍館館長。

著書
『哲学・思想がわかる』（共著／日本文芸社）
『哲学サミット』（共著／角川春樹事務所）
『私の哲学試論』（電子書籍／島燈社）

なぜ殺してはいけないのか？
——人間の、人間による、人間のための道徳——

2022年　8月20日　　第1版第1刷発行

著者　三森定史

発行者　髙橋考
発行所　三和書籍
〒112-0013　東京都文京区音羽2-2-2
TEL 03-5395-4630　FAX 03-5395-4632
sanwa@sanwa-co.com
http://www.sanwa-co.com

印刷所／製本　中央精版印刷株式会社

ISBN978-4-86251-469-1 C3010